図解 コーチングマネジメント

国際コーチ連盟マスター認定コーチ
伊藤 守 著

Discover
ディスカヴァー

JN277811

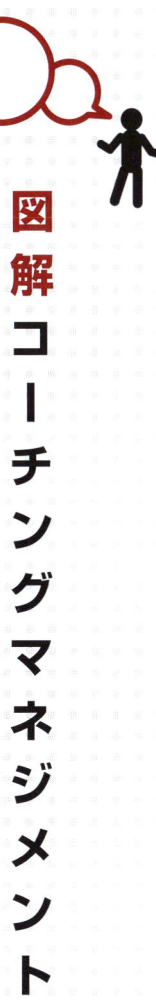

PART 1

WHAT'S COACHING?
今求められるマネジメント革命

頭で理解していることと実際の行動との間には、深い溝があります。わかっていることが、即行動に移せるわけではありません。ですから、その溝をできるだけ早く埋める技術があれば、より早く、より大きい目標を達成することができるといえます。

企業経営者は口を揃えて言います。

「行動力がほしい」

「社内のムードをよくしたい」

「会社に活力がもたらされるようなコミュニケーションが必要だ」

どうすればいいのでしょうか？

この解決策を数人のマネージャーの方に聞きました。ある人はそれを個人の資質の問題として取り上げ、ある人は組織の問題として取り上げました。中には、答えが愚痴になってしまったり、挫折感を抱いている方もいました。でも、共通するのは、できること、やらなければならないことはわかっている、でもそれができるわけではない、ということでした。

どうしたら、わかっていることを行動に移すことができるのか？　この問題は、組織と個人に向けられた最大のテーマにほかなりません。

人はどのような動機で行動を起こすのか？　どのような条件が揃えば行動を変えるのか？　私のコーチングの経験にコーチング・スキルの紹介を交えながら、この問題に迫っていきたいと思います。

SECTION 1

「何をすべきか」はわかった。問題は「どうしたらそれを実行できるか」だ

＊

必要なのはアイディアを実行に移すためのアイディア

——＊知識と行動の深い溝

人が何かを思いついたり気づいたりすることと、実際に行動を起こすことの間には、深い溝があります。

まして、その主体が組織やグループとなれば、その傾向はさらに高まります。

たとえば、「会議で決まったことがいつまでも実現しないのはなぜか?」「素晴らしい戦略を立てたのに、なぜ実践できないのか?」「時間とお金をかけてつくったコンピタンシーが、なぜ使われないのか?」……。

つまり、知識や頭で理解していることが、必ずしも行動に移せるわけではありません。アイディアを生み出すことと、それを発展させ行動に移していくことでは、別のプロセスが必要です。

そして、今私たちがもっとも必要としているのは、ユニークなアイディアだけではなく、そのアイディアを行動に移すことのできる、もう一つのアイディアなのです。

——＊どうしたら実行できるか?

「顧客満足度を上げる」というテーマの講演会に出かけたときのことです。内容も講演者の話術もとても素晴らしいものでしたが、興味をひいたのは、最後に行われた聴衆からのある質問でした。

「私は講演会や研修に参加するたびに、目からウロコが落ちるような思いをするのですが、なぜか会社に帰ってやってみるとうまくいきません。どうやったら習ったことを実行に移すことができるでしょうか?」

この質問に、その場にいた聴衆の全員が興味を持ち、そして、講演者の答えにとても期待しました。

しかし、講演者からの答えは、「目標を設定すること」「担当者、責任者を決めること」「問題を具体化すること」「行動プランをつくること」そして「経営者自身がやろうと思うこと」「やる気を出すこと」といった内容でした。

それはいつも聞かされていることで、私たちが知りたいのはそれを実際に実行に移す方法なのです。素晴らしいアイディアやシステムをたくさん耳にしたり目にしてきましたが、具体的にどうしたらそのアイディアを実行に移すことができるのか、それが私たちがもっとも知りたいことなのです。

——＊やる気を出すためには?

やる気が大事なのはわかります。しかし、やる気とはどのようなものなのか? どうやったらやる気になれるのか? やる気とはどこからやってくるのか?

私たちはやる気についてどの程度理解し、また実際にやる気を引き出せているのでしょうか?

実際に行動するために必要なことは…

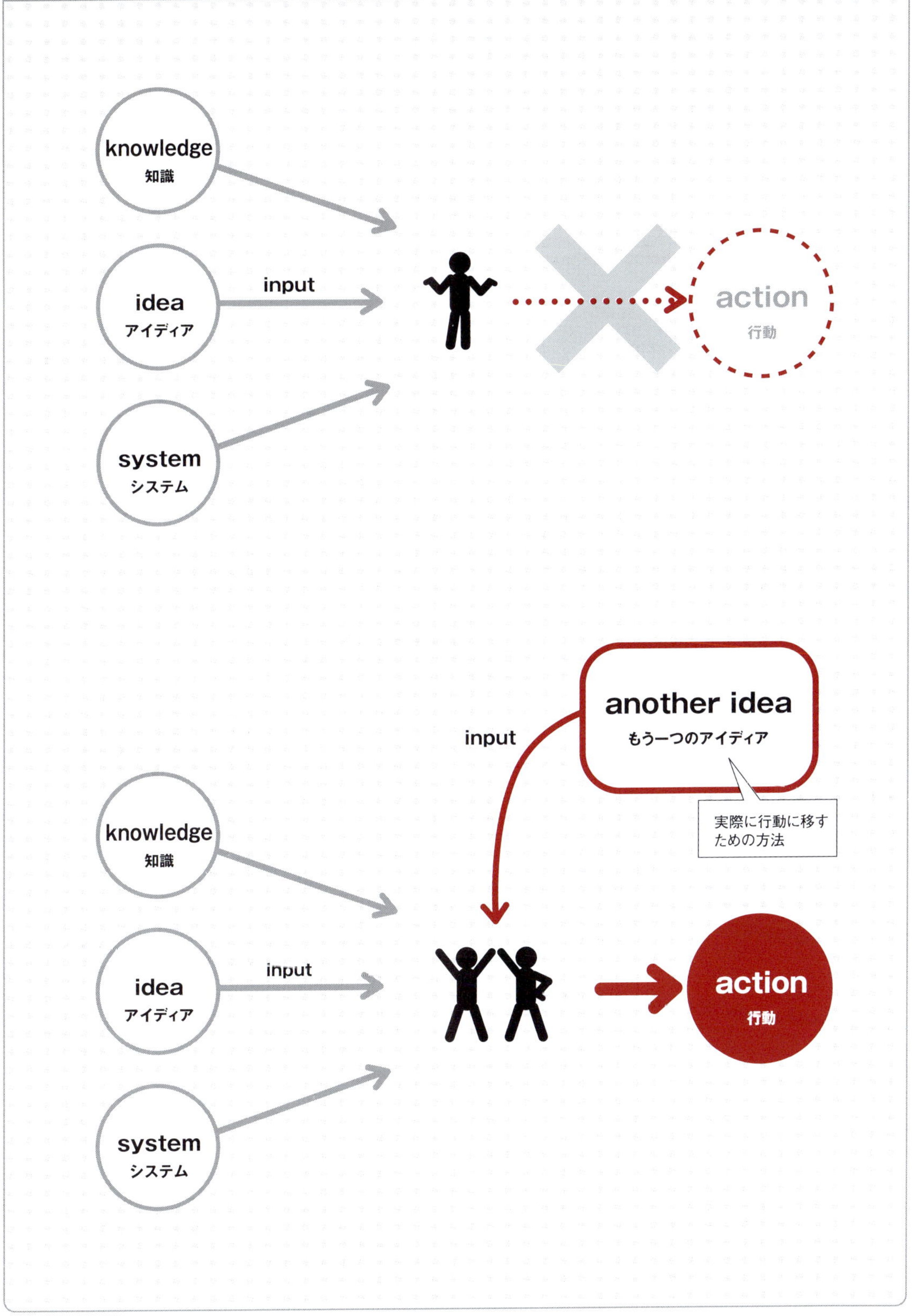

食べられないコンピタンシーと TO DO LIST

行動が伴わないなら、それはアイディアではない

＊

——＊どうして続かないのか

数年前、企業の経営者、管理職のためのプログラムをつくりました。期間は四か月。一九九項目のTO DO LIST（やるべきことのリスト）とコンピタンシー（高いパフォーマンスを上げている人の行動特性）をつくり、それを一つひとつ実行するものです。

ところが、彼らが一九九のリストに取り組んだのは最初のうちだけで、後はマニュアルやドリルを開いた形跡もなくなったのです。

電話会議への出席率は、とても高いものでした。しかし、本来の目的はリストを行動に移すことです。あの手この手で行動するように言うのですが、次の週には大の大人が言い訳を言ったり、中には休んでしまう参加者まで出る始末になってしまったのです。

——＊他人事では実行できない

後日、参加者から、どうしてリストを使わなかったのか、ドリルはなぜあまり実行されなかったのか聞いてみたところ、「やったほうがいいとは思うが、やる気になれない。自分の問題として思えない」という答えが返ってきました。

つまり、彼らにとってコンピタンシーもTO DO LISTも、レストランのショーケースに飾ってあるろう細工のサンプルのようなもので、決して食べられるようなものではなかったのです。

一般にコンピタンシーとは、左の図に掲げたような内容で、組織の中枢にいる人やコンサルタントがつくり、社員に紹介されるというケースがほとんどだと思います。実は、これは一般に管理職に必要とされるコンピタンシーのほんの一部なのですが、たとえ一部であっても、理解し実行されるまでに、どのくらいの時間と労力が必要とされるでしょうか？

——＊アイディア＝行動

大切にすべきはコンピタンシーではなく、そのコンピタンシーを使う人たちです。でもコンピタンシーのほうが大切なもののように扱われがちです。どこからか突然出てきたものを使えと言われても、使えるものではありません。まして全員に同じものがあてがわれてしまえば、なおさら他人事になってしまいます。

でも、もし、これが自分のコンピタンシーであったら、どうでしょうか？ 自分たちでつくったもの、使ってみて使い心地を確かめ、修正を加えながらつくりあげたもののならどうだったでしょうか？ そうであれば、使えるコンピタンシーができたかもしれません。

本来、アイディアとは、行動とイコールのものです。コンピタンシーをつくる過程が、すでにコンピタンシーの実践になっているというのが、現実的だったのです。

アイディアとは行動を伴うもの

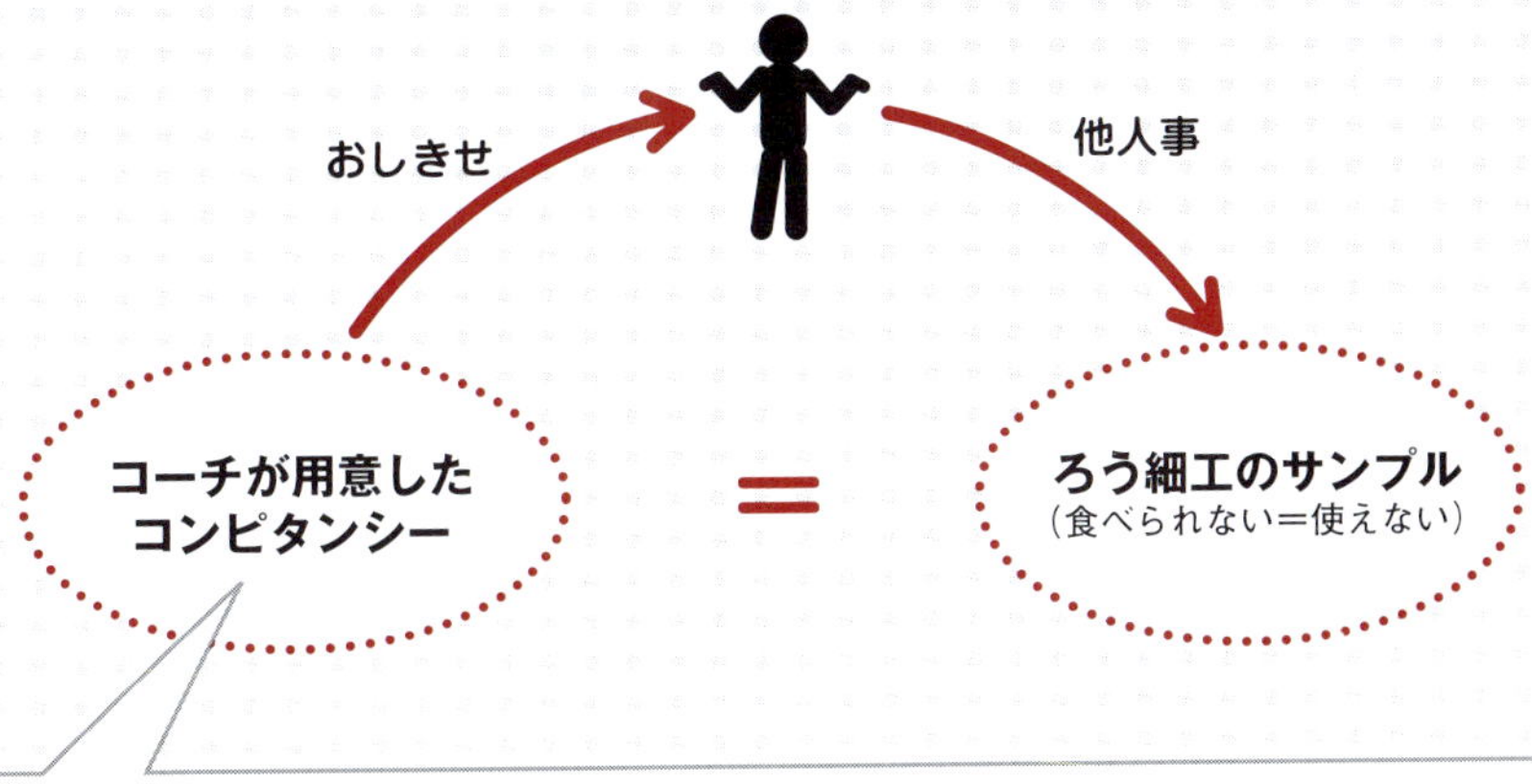
おしきせ
他人事
コーチが用意した
コンピタンシー
＝
ろう細工のサンプル
（食べられない＝使えない）

組織計画力

- 目標設定時に他のスタッフの目標や他の部門の諸条件との整合性をとるために、日常からコミュニケーションルートを確保しておく
- 常に会社の方針を念頭に、部内の不足資源を確認し確保する

表現力

- 部内の全メンバーに理解させるために、難解な事柄を平易に事例を用いながら表現する
- 相手が受け取りやすいように、相手の理解力を確認しながら適切なテンポや明確な発音、言語で話す
- リーダーにふさわしい明快さと品格を意識した格調ある文章を書く

傾聴

- 相手の真意と状況を理解するために、話の要点をスピーディに要約する
- 話の誤解がないように、不明な点は質問して明らかにしておく

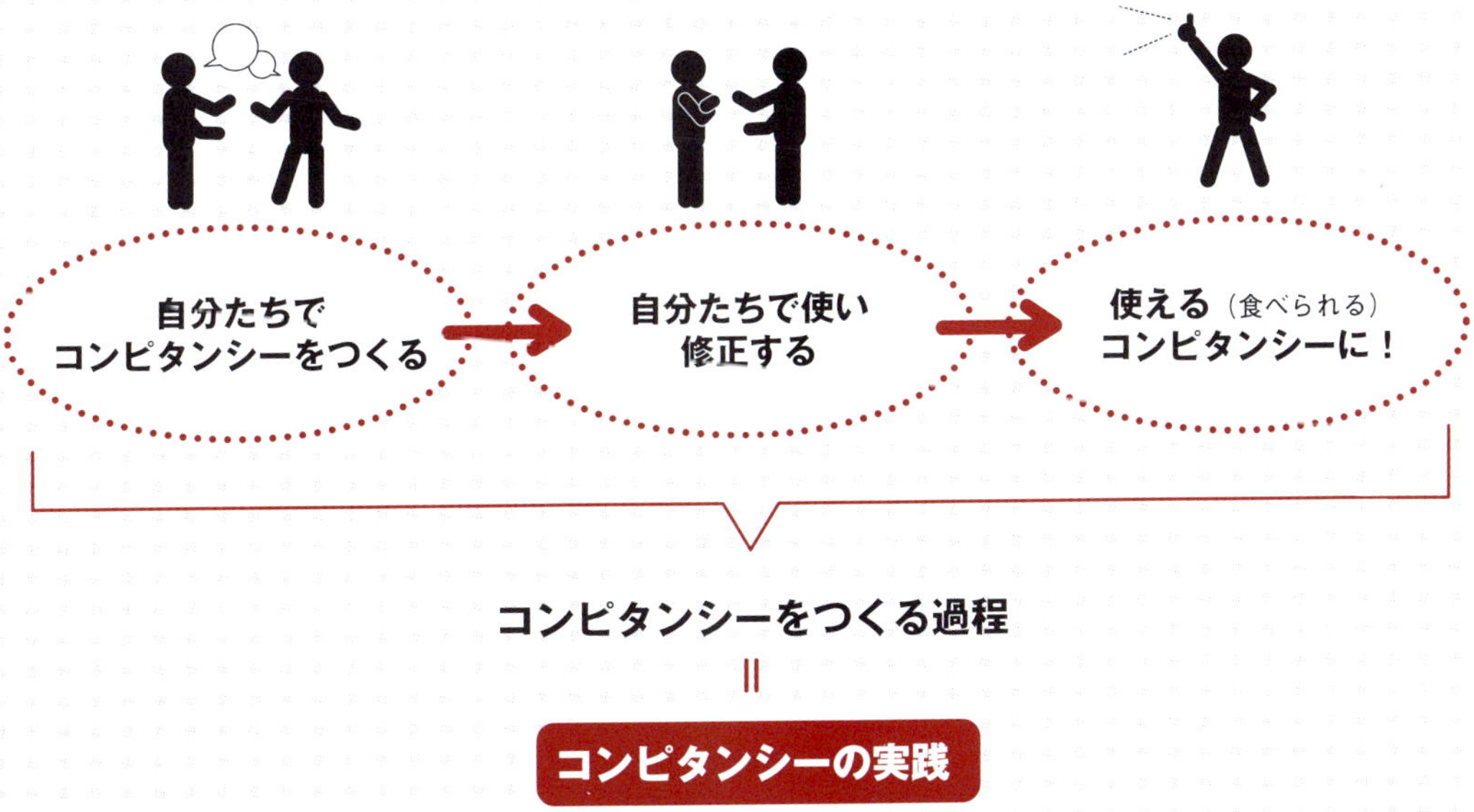
自分たちで
コンピタンシーをつくる
自分たちで使い
修正する
使える（食べられる）
コンピタンシーに！
コンピタンシーをつくる過程
＝
コンピタンシーの実践

SECTION3

インタラクティブ・ソリューションで アイディアを発展させる

＊

**双方向の
コミュニケーションによって
課題を解決するのがコーチング**

＊アイディアを具体化する

「わが社では、これから人を大切にすることを会社のコアバリューとしていきます」

たとえば、こんなふうにコアバリューという錦の御旗をはためかせると、それだけで何かがなされたような気になってしまいます。けれども、そこに、これを具体的に行動に移すためのアイディアがないとしたら、それは文字通り、ただの旗にとどまります。必要なのは、それを実行に移すための具体的なアイディアです。

この社員を大切にするというアイディアを具体的にし、行動が起こせるところまでもっていくには、左に掲げたように、ある程度のコミュニケーション量が必要になります。それは、アイディアを生み出すときと同じか、それ以上の量となることを知っていなければなりません。

このように、ビジネスやパーソナルな目標達成の分野において、頭でわかっていることと行動との間に横たわる深い溝を、双方向のコミュニケーションによって埋めていく試みが、「コーチング」です。

どうやったら、行動を起こし、行動を変えていくことができるのか、この課題に対して、いち早くコーチをつけるという知恵を見出したのはスポーツ選手でした。すなわち、ひとりでは管理しきれない課題と情報を、コーチとの間で解決していこうとしたのです。

ただし、そのスポーツの世界でも、コーチは技術を教えるものだと思われてきました。知識と技術はコーチが持っているものであり、選手はそれを教えてもらうものとされてきたのです。

＊自発的な行動を促す

しかし最近になって、一方的に教えるだけでは、選手がその技術や知識をそのまま活かせないということがわかってきました。選手がアイディアを活かすためには、それを使う本人が、みずからそのアイディアを見つけ出す過程を踏むことが必要だったのです。

「一方通行ではなく、双方向でアイディアを出し合い、それを検討する。行動に移すためのアイディアもまた双方向のコミュニケーションから生み出す」という、この一連のプロセスを「コーチング」といいます。

現在、コーチングは、従来のマネジメントに代わるもっとも新しい人材開発の手法として、おもにビジネスの場で活用されています。また、スポーツ界のコーチも、専門の競技指導に関するスキルに加えて、コーチングというコミュニケーション・スキルを学び、「教える」という立場から「自発的な行動を促す」という立場へシフトしつつあります。

問題を明確にし課題を解決に導くコーチングの会話

MAKE CONCRETE
具体化する

社員を大切にするということは、具体的にはどういうことでしょうか?

誕生日に社長からEメールが届く

ほしくない人もいるのでは?

ロッカーを新しくする

それはいいかもしれません。ほかには?

社員の話を聞くための時間を優先してとる

ほかには?

仕事を依頼するときは、目を見て依頼する

WHY
なぜ?

なぜ、社員を大切にするのですか?

サウスウエストという航空会社がそれで成功したから

それだけ?

……

WHO
だれ?

誰が社員を大切にするのですか?

みんなで

みんなとは、具体的に誰ですか?

特に管理職が、部下を大切にする

では、管理職のことは誰が大切にするのですか?

……

WHEN
いつ?

いつから始めるのですか?

では、今から

スキーのコーチによるテニスのレッスン?!

＊

コーチは教えるのではなく、質問し、ともに歩む

＊よい聞き手がいない

部下やクライアントは、頭を整理するため、新しいアイディアを生み出すために、良質のブレーンストーミングを求めています。ただよい聞き手がいないために、その機会を失っているのです。

ティム・ガルウェイの著作に、次のようなエピソードが紹介されています。

彼はテニスのレッスンプロとして活躍していましたが、あるときスキーのインストラクターをしている友人にテニスのコーチを依頼しました。

結果は予想以上のものでした。このスキーのコーチは、プロのテニスコーチよりも教えるのがうまかったのです。実は教えるというのは正確な表現ではなく、彼はコーチングをしたのです。もちろんテニスの腕は素人ですが、生徒から「引き出す」ことや、生徒に「気づき」をもたらすことに関しては十分有能なコーチであったわけです。

＊教えるのではなく質問する

彼はテニスの技術については知りませんから、教えるのではなく生徒たちにいろいろな質問をしました。たとえば、テニスのコーチは「ボールを見て」と言いますが、彼は「ボールを見て」とは言わずに「ボールはどんな回転をしていますか?」と生徒に尋ねました。すると、本来見えない回転を見ようとするため、結果として、生徒はボールをよく見ることになったのです。

もちろんそれ以前も、生徒たちはボールを見ていたつもりです。でも、テニスコーチが要求しているボールの見方とは違うものでした。しかしテニスコーチに、自分が要求している見方と生徒の見方の差を埋める技術がないため、あるいは、そのことにすら気づいていないために、ただ「ボールを見て」という教え方になってしまうわけです。

教える側にとっては当然のことであっても、習う側にしてみれば理解できない場合があるのです。

＊知識の棚卸し

クライアントが目標をより早く、より大きく達成するためには、もちろん知識も技術もツールも必要です。しかし、それを全部コーチが与えるわけでありません。コーチはクライアントと一緒に知識や技術の棚卸しをし、どんな知識が必要なのか、どんな技術が必要なのかを見つけ出し、それがどこで手に入るのか、どうやったら身につけることができるかを具体的にしていきます。

つまりコーチ自身は教えるのではなく、クライアントに「目標を達成するために必要な知識や技術、ツールを備えさせる」のです。このプロセスをコーチングといいます。

コーチは教えず、質問する

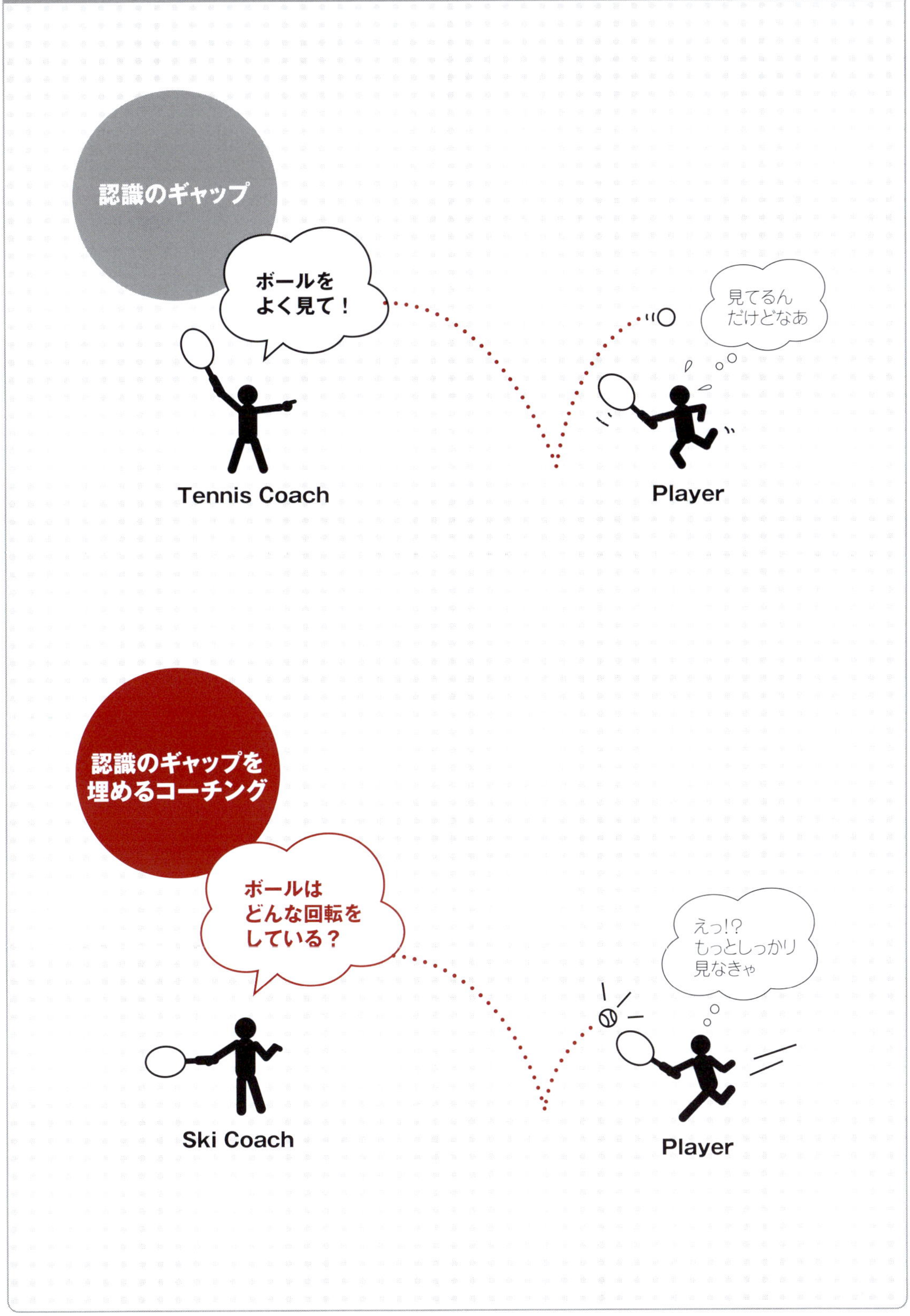

名選手名コーチならず。マネージャーが犯しがちな過ち

*

教えるのではなく、引き出し、考えさせる

——*会話をつくり出す

過去の実績とコーチングの技量は、イコールではありません。名選手が必ずしもいい選手を育てているとは限らないのです。反対に選手時代に目立った記録を残さなかったとしても、育成に才能を発揮するコーチもいます。選手としてのスキルとコーチングのスキルとは、また別のものなのです。

名選手が名コーチになるとは限らないのは、一言で言えば「会話」がつくり出せないからです。つまり、相手の話を聞かないからです。

名選手であるなしにかかわらず、コーチと選手との間ではコミュニケーションが交わされています。選手を伸ばすかスポイルしてしまうかは、コーチがどのようなコミュニケーションをつくり出すかにかかっています。どんなに素晴らしい技術を持っていたとしても、それを選手に伝えることができなければ意味がありません。また、その技術を選手が使えるようにするためには、一方通行の押しつけではうまくいきません。

しかし、多くの場合、コーチや上司が選手や部下よりもたくさん話してしまいます。そのために、彼らの今の状態を理解したり、彼らがどんな動機なら行動を起こせるかについて知る機会を失ってしまっています。したがって、通り一遍のことは言えるでしょうが、行動を起こしたり、行動を変えるまでには至らないのです。

——*任せる技術が必要

また、マネージャーが部下を管理しすぎることは、部下の自発性を奪い、状況対応力を低下させます。「部下は上司の指示に従えばいい」という考え方は否定できませんが、マネージャーには「任せる」技術が求められます。

ただし注意しなければいけないのは、過度の管理が問題視されると、その対極にある「放任」に陥りがちだということです。けれども、放任と「任せる」は似て非なるものです。放任されてしまえば、自分の仕事や行動に対するフィードバックもなくなりますから、部下は成長の機会を失ってしまうことになるでしょう。

この「管理と放任」の二極化に対して、コーチングがあります。関心を持ち、会話を交わしつつも「必要以上の管理はしない」「部下の自発的な行動を促す」ことに価値をおいた、部下との機能的で効果的な関わり方です。

今求められているのは、話を聞くのがうまいリーダーでありマネージャーです。コーチングとティーチングは違います。コーチングは教えるのではなく、相手の自発的な行動を引き出し、考えさせます。ここに、マネジメントクラスの人たちがコーチングを学ぶべき理由があります。

マネージャーが犯しがちな過ち

クライアントに「気づき」を与えるコーチング・カンバセーション

＊

コーチはともに未来をつくるコークリエーター

――＊ともに同じ方向を目指す

コーチは、クライアント（コーチを受ける人）が、自由にアイディアを語ることができるようにコミュニケーションを発展させます。目的は、クライアントが自分の内側にあるアイディアに気づき、そのアイディアを発展させるアイディアを見つけ出すためです。

　コーチはクライアントがより自由に発想し、アイディアをよりリアルなものにするためのコミュニケーションをつくり出します。このプロセスを「コーチング・カンバセーション」といいます。

　コーチとクライアントが同じキャンバスに向かって座り、コーチはクライアントが未来に向けてビジョンを描くのを手伝う、というのがコーチングのイメージです。目標の絵、その過程の絵、自分を取り巻く環境の絵などをあたかも物語を綴るように、キャンバス上で展開させていきます。当然、いくつものストーリーやプロットが同時に進行します。

　コーチにとって重要なことは、クライアントができるだけ自由に何でも話せるようにすることです。私たちはふだん、警戒心を持って話しているので、何でも自由に話せるわけではありません。ですから、最初は荒唐無稽な話でもいいのです。いずれにしろ、未来は不確かなわけですから、あまり確かなものを求める必要はありません。

――＊コーチは質問する

「そんなこと、現実的じゃないよね」「不可能だね」「もっと大人の話をしろよ」

　このような言葉は、何もするな、何も考えるなと言っているのと同じです。

「もっと話してください」「そこのところをもっと詳しく」「相手の立場だったらどうでしょう」

　このように会話を広げ、会話を促進するのがコーチの仕事です。いろいろな角度から多くのことを話せるように、コーチは質問をします。

　そして、ストーリーだけでなく、他の登場人物、季節、時間、色、形、音、ハプニング、これらが加わることで、一見、荒唐無稽な物語に現実味が帯びてきます。プロットに具体的な登場人物の顔、せりふ、動き、場面設定、効果音、BGMが加わった、いわば映像のシナリオができあがっていくのです。できあがるにつれ、未来はただ不確実なものではなくなっていきます。シナリオをつくる過程で、現実に対応する能力もまた引き出されていくのです。

　会話をつくるとき、そこで交わされる言葉と同じくらいイメージが大切です。クライアントが自由に語り、その物語を発展させることができるようにするために。

コーチング・カンバセーションの役割

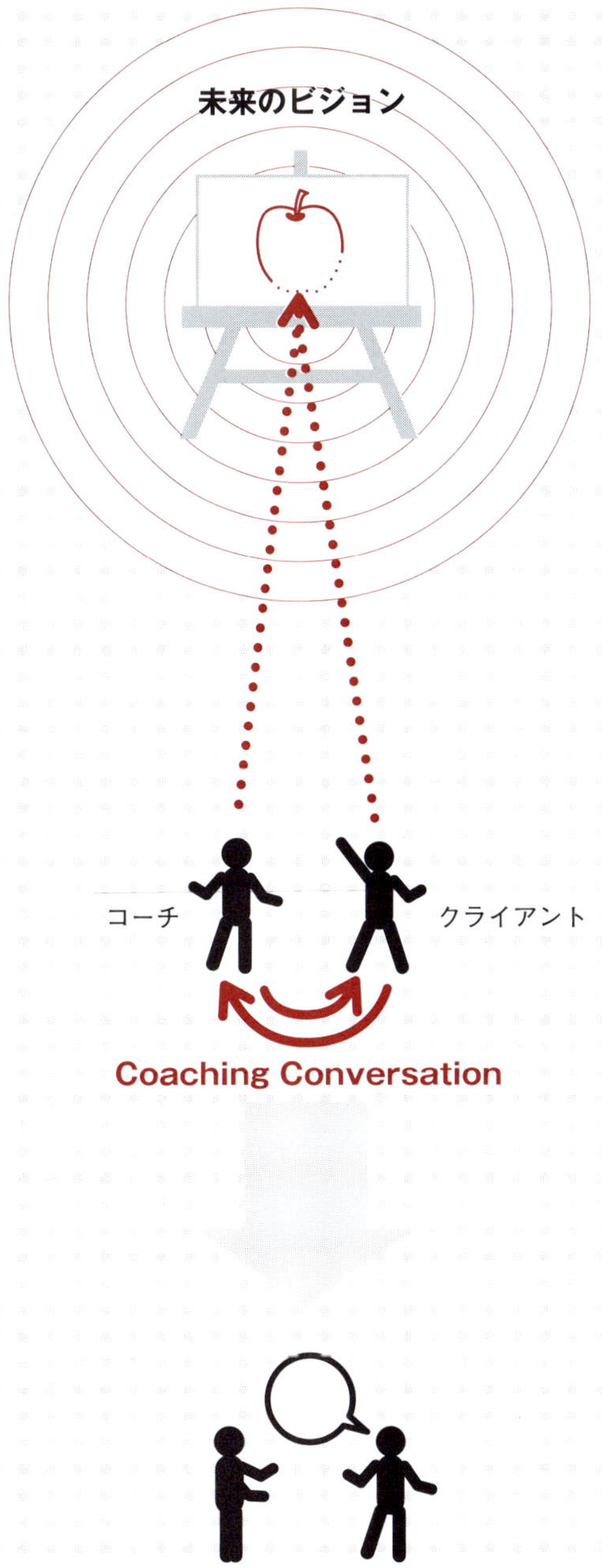
未来のビジョン
コーチ
クライアント
Coaching Conversation

**コーチはクライアントが自由に話せるようにして
会話の幅を広げていく**

SECTION 7

今求められるONE ON ONEコミュニケーションの能力

＊

コーチングは「テーラーメード」のマネジメント

＊各人のタイプに合わせる

人はそれぞれ違います。教育の方法も、病気のときに使う薬も、本来一人ひとりに合わせるほうが効果的です。これまでは画一化された教育が行われ、また、病気に合わせて開発された薬が使われてきました。ところが医療の最先端では、遺伝子解析が進んだことで、個々人に合わせた薬である「テーラーメード・メディスン」の研究が現在行われています。

コーチングに求められている背景も、これと同様といえます。画一的な方法で教育しても効果が期待できない。上から押しつけても成果が上がらない。むしろ、部下の才能や能力、そして彼らのやり方・考え方に合わせて教育をしたほうが効果が上がるという事例が増えてきています。

人は、価値観、考え方、行動パターン、物事の受け取り方、情報処理の仕方など、それぞれ違っています。同じ話をしていても、ビジュアル系といわれる人たちは、言葉を聞いてそれを処理する過程で、心に画像を思い浮かべ、おそらくは過去のビジョンと比較しながら物事を判断します。ロジカル系の人は、言葉を数式のように並べながら判断します。皮膚感覚系の人たちは、自分の体の感じがよいか悪いかで判断します。

たとえば、ロジカル系の人に「いい感じ？」とか「今どんなビジョンを思い描いていますか？」と聞いても答えられないのです。

＊一対一の関係が基本

このように、同じことを言っても、人によって受け取り方は異なり、行動の仕方、スピードもまるで違います。そこで期待されるのが、基本的に一対一で行われるコーチングです。これはいわば、「テーラーメード・マネジメント」といえるでしょう。

これまでは、人前でうまく話せることがリーダーやマネージャーの条件でした。説得力こそがマネージャーの条件のように思われてきました。しかし、状況は変わりました。

今求められているのは、上司という役割、仕事という理由を離れて、一対一で部下とコミュニケーションをつくり出せるマネージャーです。

もちろん、これまでも、「一対一で顔をつき合わせ、胸襟を開いて話したほうがいい」といわれてきました。しかし今は、それが本当に実行できなければ、部下の自発性を引き出すことはおろか、仕事や会社に対する愛着も育てられない時代です。

人と人との関係においては、どこまでいっても一対一が基本です。コーチングとは、上司にとって、部下との一対一のコミュニケーションにおける戦略にほかなりません。

ONE ON ONE コミュニケーションとは

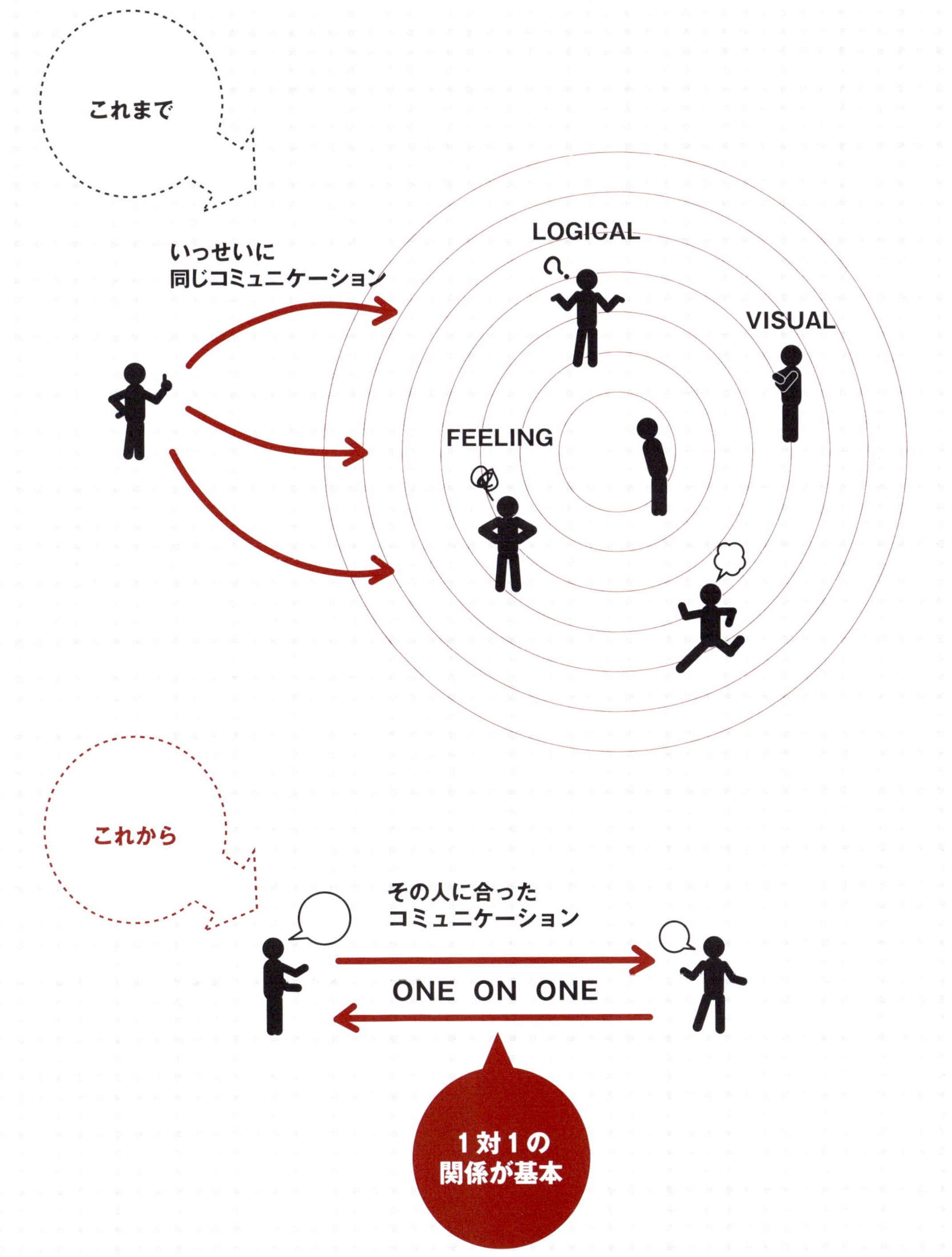

SECTION 8

リマインドさせてくれる人がいることで継続できる

＊

コーチはリマインドする

——＊内容の濃い研修も……

あるとき、会社のスタッフが五日間ほどのマネージャー研修に参加しました。ふだんはおとなしくて目立たないほうなのですが、月曜日に出社すると彼は私のところへ来て言いました。

「今回私は目からうろこが落ちた思いです」

「そうかね」

「今まで仕事に対するコミットメントが足りなかったように思います」

「なるほど」

「これから経営者の立場で仕事をしたいと思います」

「期待しているよ」

彼の受けた研修は、とても内容の濃いものだったのでしょう。その効果は二週間も（！）続きました。

そして、二週間後。もちろんその後も仕事に役立てている部分はあるのですが、ほとんどのことは実行に移される前に失速してしまったようです。

その原因は、どこにあったのでしょうか。

- 習ってきたことができなかった。その場ではわかった気にはなったが、いざやってみようとするとわかっていなかった。パソコン教室に行ってその場ではできたけれど、家に帰ってやってみたらまるでお手上げという状態
- やってはみるのだが、周囲の人の賛同が得られない、協力と理解が得られない。新しいことを試すときのまわりからの抵抗に挫折してしまう
- 日々の業務が忙しくて新しいことをする時間がとれない。そのうちに熱が冷めてしまう

といったところだと思います。

——＊実行し続けるための条件

エビング・ハウスは、忘却の曲線として、研修の効果を左のようなグラフに表しました。

研修を受けた彼に「気づき」があったことは事実です。モチベーションも上がりました。しかし、それだけでは持続させることができません。

そのときわかったことを行動に移し、それを持続していくためには、条件や環境を整え、今日もそれを行うための「理由」が必要になります。朝の散歩、ダイエット、禁酒、禁煙、どれも同じです。

続けるための条件のひとつは、リマインド、つまりそれを思い出させてくれる人がいること、あるいは誰かと約束することです。コーチがこの役割を果たします。それは、物事を継続して実行させるために、非常に重要な役割を果たしています。

リマインドさせることの必要性

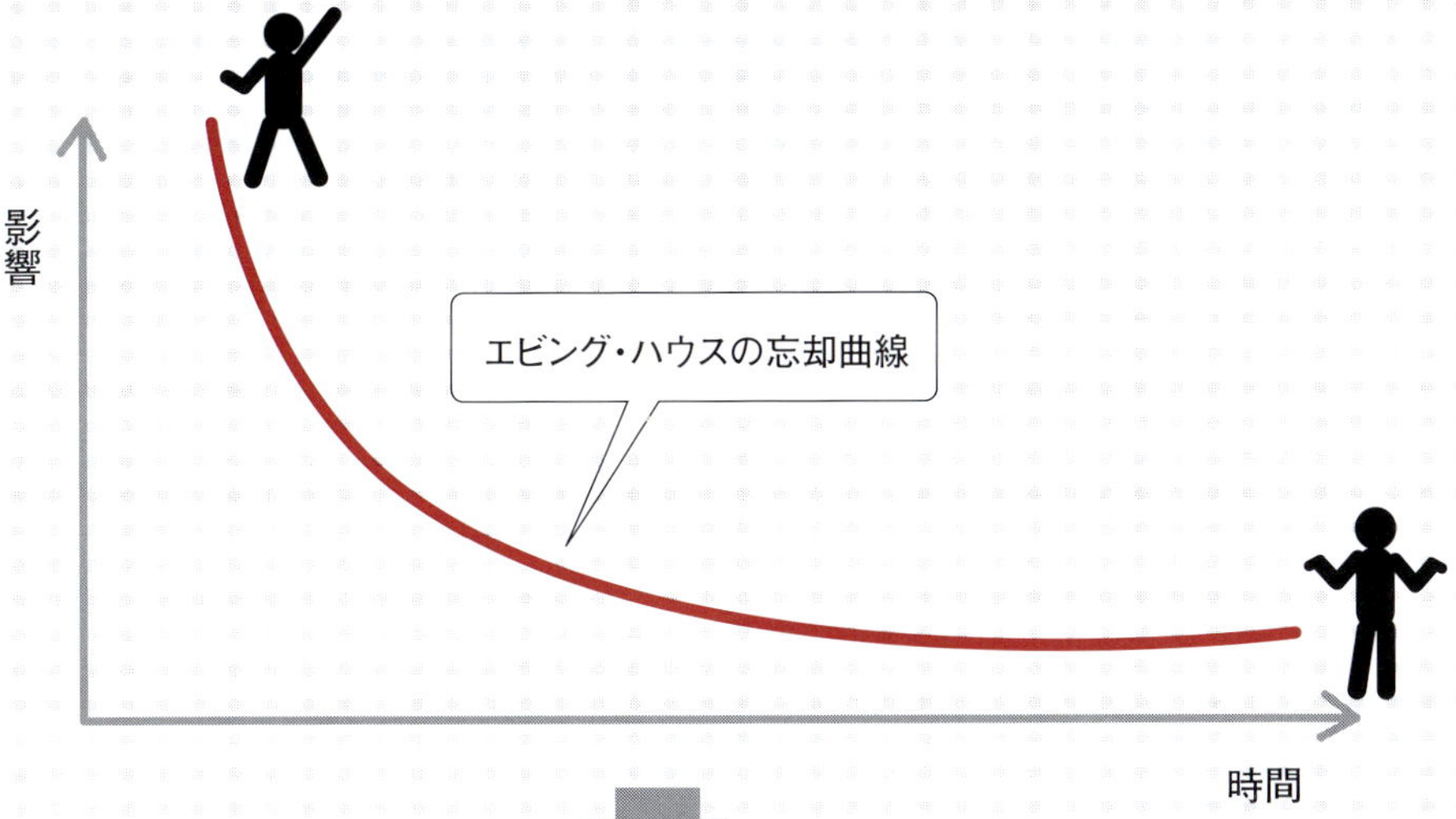

**刺激や気づきがあっても、
それだけで継続することは難しい**

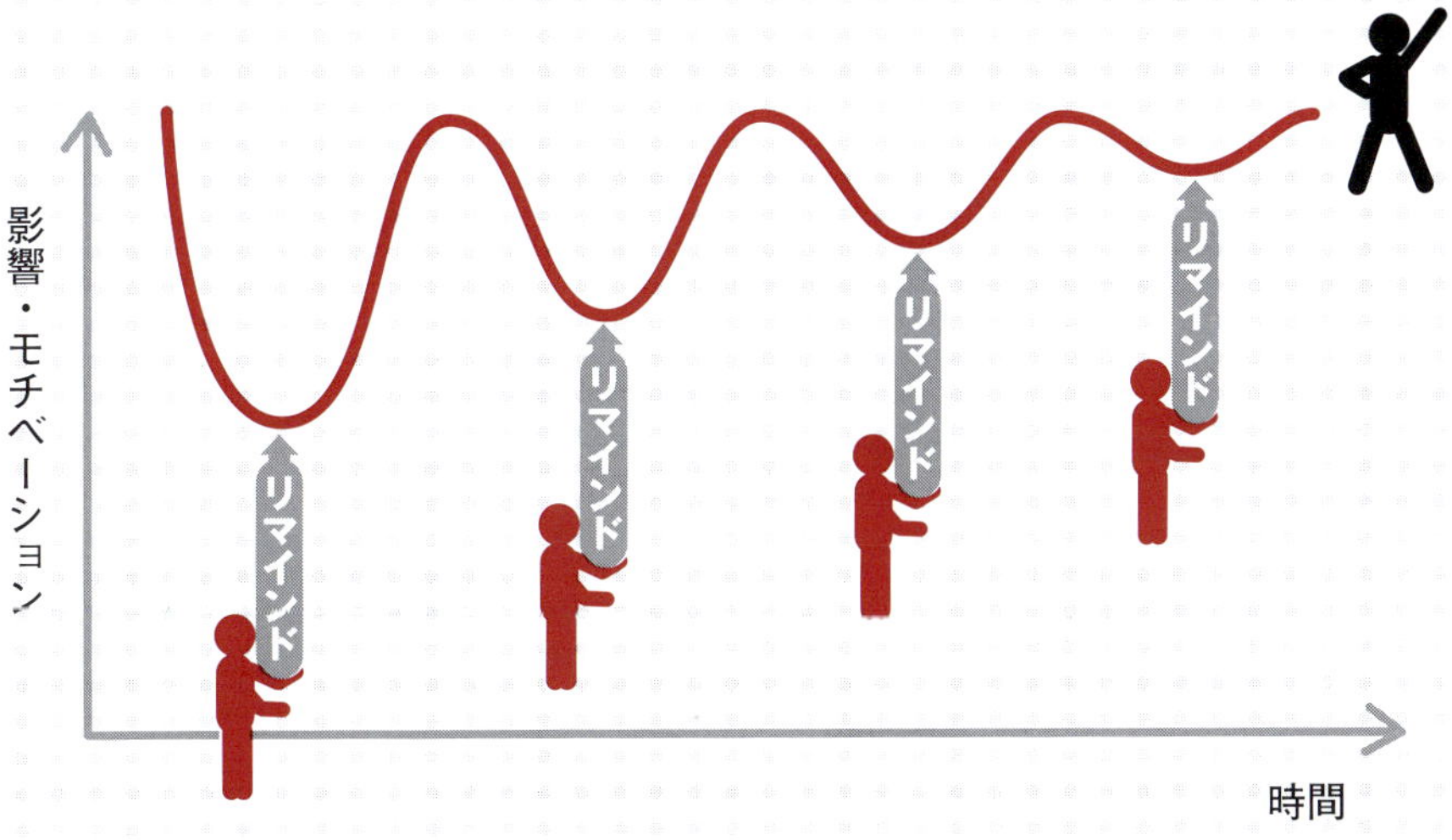

**誰かに思い出させてもらったり、誰かと約束することで、
モチベーションを持続させることができる**

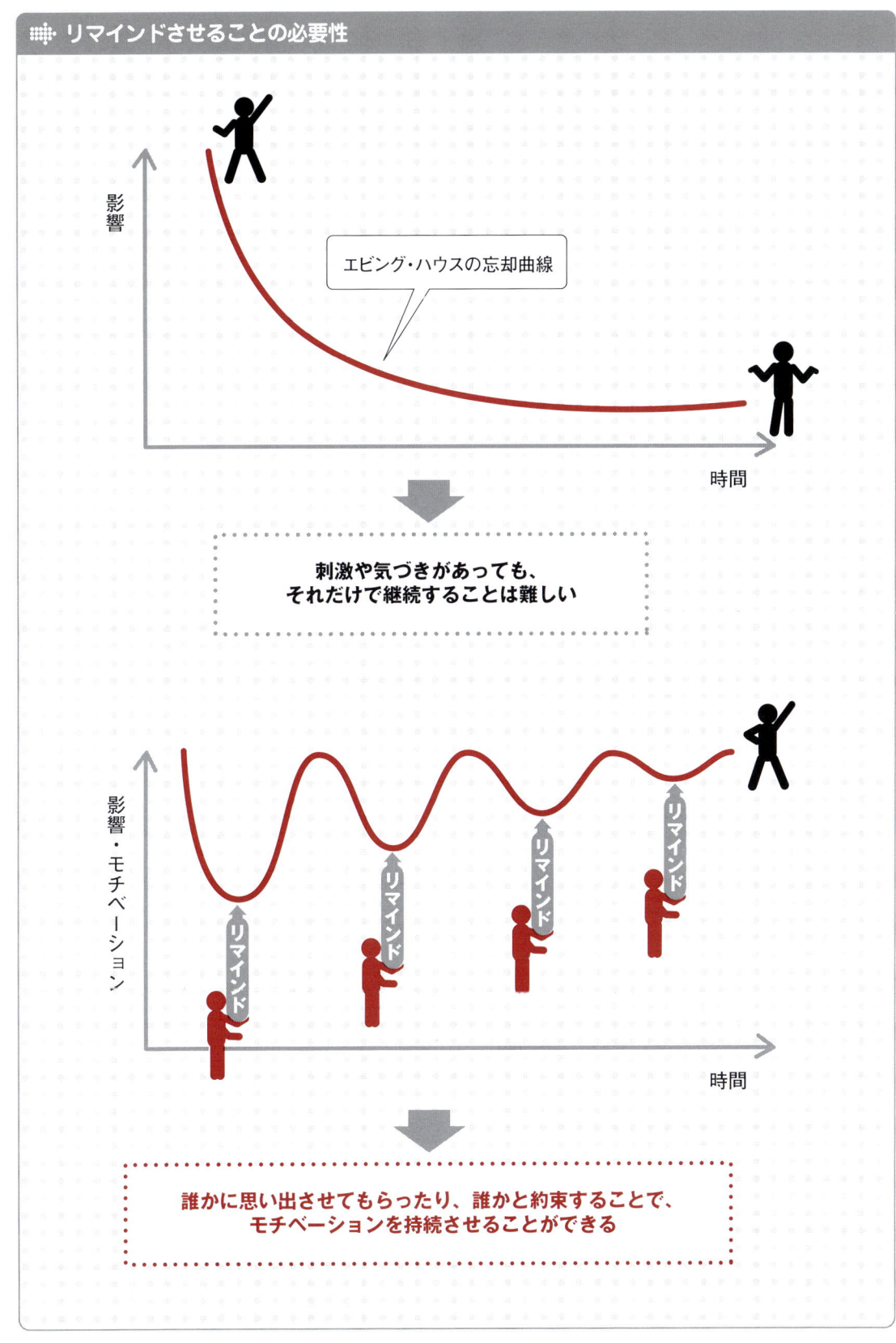

ON GOING コーチングは常に現在進行形

誤差を修正しながら、オンゴーイングで常に目標に向かっていく

＊

——＊基本的課題を明確にする

コーチングは、目標達成のためのプログラムです。

仕事での目標の多くは、未来を予測し仮定した目標です。それに向けて行動を起こしていくわけですから、当然まだ見たこともない、茫漠としたものを目指すことになります。したがって、より具体的で鮮明に目標をイメージできるようにしなければなりません。触ることができるくらい、具体的にしていきます。

たとえば、通常、営業における目標は売上数字で示されます。確かに数字はリアリティーがあるように見えますが、それは「シンボル」にすぎません。その背景にあるものや数字ができあがる過程が実感できなければ、あるいはそれと自分との間に関連が持てなければ、営業マンにとって現実味が薄いものといえるでしょう。自分自身のこととしての現実味がなければ、人は行動を起こしにくいのです。

——＊目標に向かいながら修正

ゴルフの場合、打つ前に軌道をイメージし、それに基づいてボールを打ちます。一度ボールをヒットしてしまえば、あとは風次第ですが、私たちが目標に向けて進んでいく場合は、ボールと違って、現状把握をしたり方向修正をしたりすることができます。

一般に、コーチングは週に一度、電話で三〇分程度行われます。そのほかにEメールを使ったり面談をすることもあります。一週間の間、クライアントは、プランに従って行動を起こし、次の機会にはそれを振り返り、より現実にマッチした行動予定を立てます。ボクシング選手のロードトレーニングで、コーチが伴走をするようなイメージです。

どんなに練った戦略であっても、現実との間には必ず誤差が生じます。その誤差はリアルタイムで確認され、修正されていく必要があります。一回や二回のコミュニケーションでは、誤差を見つけたり、それを修正するには十分ではありません。定期的に現在進行形で、課題について話し合う時間が必要です。

——＊課題への集中

定期的にコーチングの時間をとることの意義は、課題に対して集中することにあります。また、何度でもリマインドして目標に目を向け続けていないと、ベクトルの方向がずれたり、分散したりしてしまいます。

知識と行動の溝を埋めるために、一対一で双方向のコミュニケーションをとり、アイディアを引き出すためにコーチングスキルを用い、そしてアイディアを行動に移すためのアイディアも引き出される、というこの一連のプロセスがコーチングなのです。

コーチはクライアントの伴走者

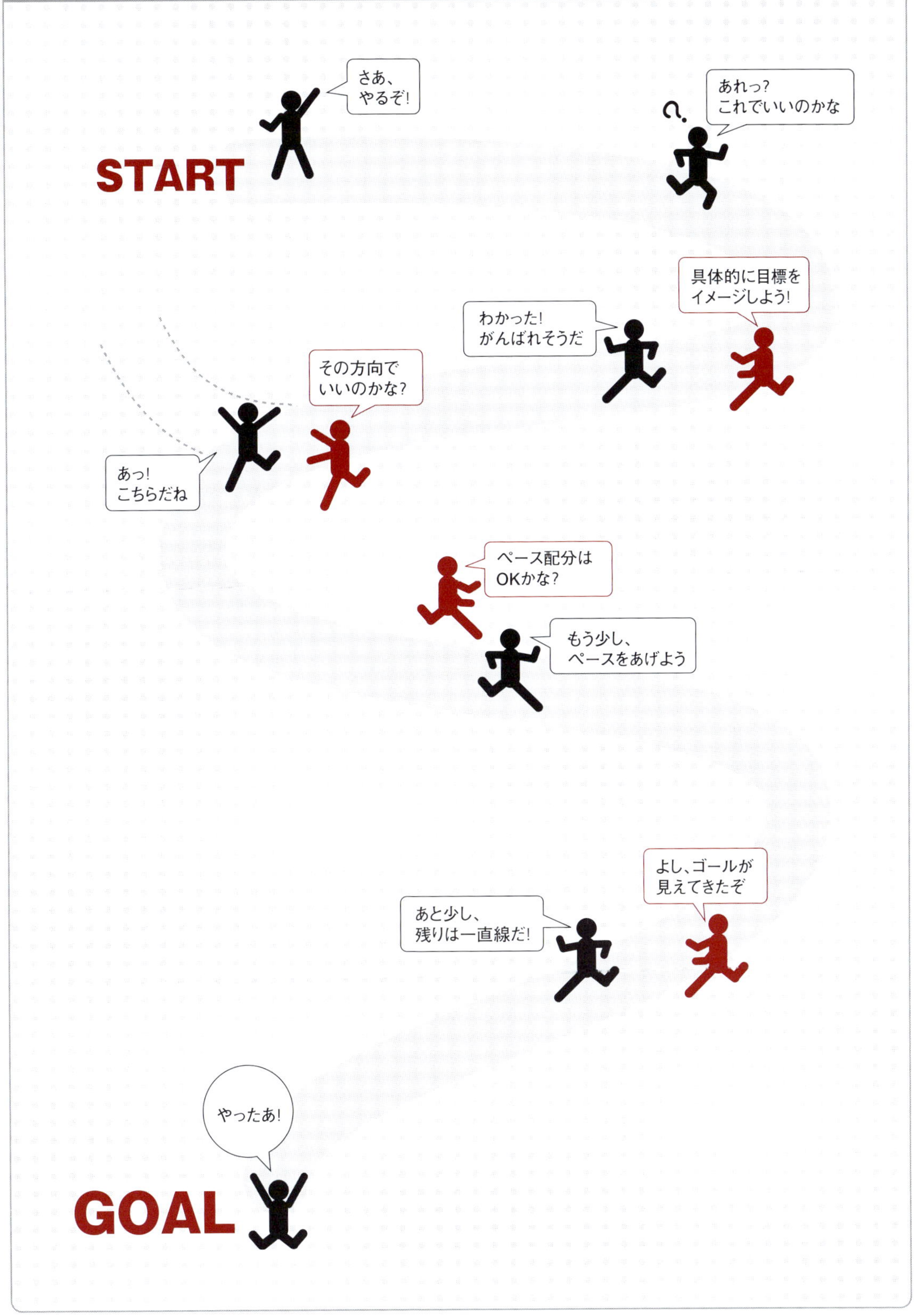

SECTION 10

コーチングは人が動ける環境をつくる

＊

本人のやる気の問題ではなく、上司やコーチの目標達成についての知識の問題

——＊コーチは環境を整える

　コーチングでは、その人の考え方ややり方に直接関わるというよりは、むしろ環境を整えることに注意を向けていきます。よい環境があれば、人は自然に動けるようになるからです。自発的に動けるようにするということは、動きたくなるような環境を整えるということです。

　目標を設定してその目標に到達しない場合、それは本人のやる気の問題にされてしまうことが多いのですが、それは上司やコーチ自身に目標を達成することについての知識が不足しているからといえます。

——＊コーチは伴走者

　コーチは、オン・ゴーイングでクライアントの伴走をしながら、今何が必要で、何が必要でないのかを選択します。また、クライアントの考え方が偏ることなく複数の見方ができるよう、効果的に質問をします。コーチがクライアントの「やる気」を直接喚起したり、やる気になれない心理的な問題を探ったりすることは基本的にありません。

　たとえば、クライアントの環境を整えるために、次のような会話が行われます。

「この目標を達成するために、誰が協力者になってくれそうですか？」

「すでにこの領域のオーソリティーを知っていますか？」

「いいえ、知りません」

「知っている人を、知りませんか？」

「ああ、いるかもしれない」

　あるいは、次のような問いかけも行います。

「一番最近、自分が達成したと思えることを話してください」

「同じようなところでつまづいたことはありますか？」

——＊コーチは安心感を与える

　人が目標達成に向けて行動し続けるには、たったひとりで目標に挑むというイメージから自由になって、自分には十分なリソースや協力体制があるという実感が必要です。

　どこに行けば知識を得られるか知っている、誰がサポートしてくれるか知っている、どこに行けばツールが揃うか知っている……このようにリサーチが徹底していれば、より行動は起こしやすくなります。

コーチの役割はクライアントの自発的行動を引き出すこと

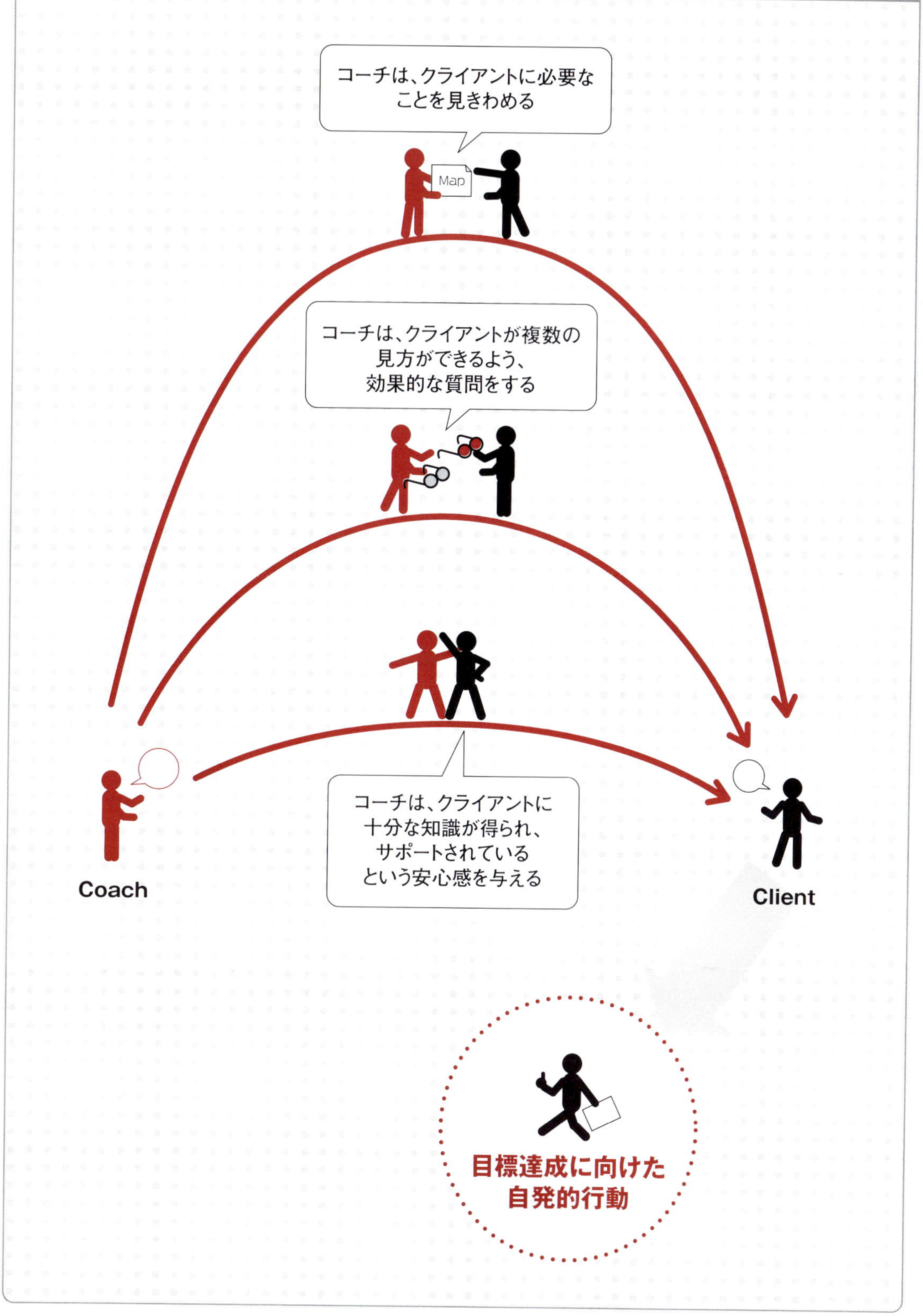

コーチの仕事は コーチングの流れをつくること

＊

現状とあるべき姿のギャップを明確にし、目標を達成していくためのコーチング・フロー

——＊五つのステップ

コーチの仕事で最も重要なことは、コーチングの流れ、すなわちコーチング・フローをつくることです。

コーチング・フローは、次の五つのステップから成り立ちます。

STEP1 現状の明確化

STEP2 望ましい状態の明確化

STEP3 現状と望ましい状態のギャップを引き起こしている理由と背景の発見

STEP4 行動計画の立案

STEP5 フォローと振り返り

ステップ1とステップ2については、できるだけ多くの事実が明らかにされることが求められます。そのため、左に掲げたようなさまざまな領域における膨大な量の詳細なアセスメント（チェックリストのようなもの）が用意されています。仕事上の課題・目標、チームワーク、リーダーシップ、適性、ハイパフォーマンス・パターンなど、自分と職場の状況について棚卸しをして見るためのものです。

自分ではこれまでまったく意識していなかった点についての評価を求められる項目も、多数出てきます。つまり、そのアセスメントをチェックする段階からコーチングは始まっているわけです。実際のところ、コーチングのかなりの部分はアセスメントであるといってもいいでしょう。

ステップ3が、PART1でもお話しした「頭でわかっていることと行動とのギャップを埋める」プロセスです。もし、そのギャップの原因を、クライアントが自分で本当に納得して発見することができたら、そのとき自然に行動は起こるものです。

このために、これから紹介するコーチング・スキルの多くを用いながら、必要な技術、知識、道具、環境を見つけ、それを身につけさせていくのがコーチングの主な目的となります。

コーチング・フロー

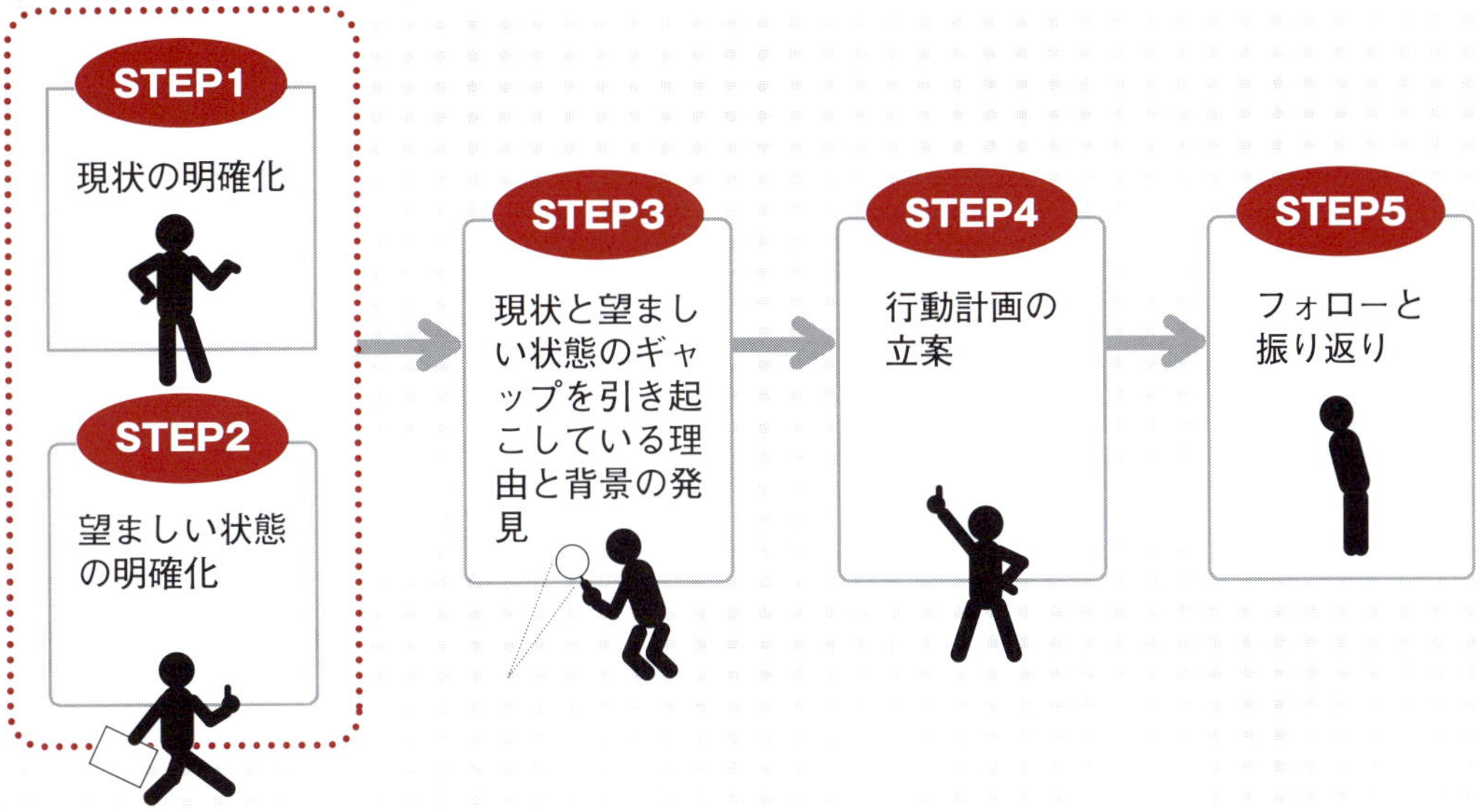

アセスメントによってできるだけ多くの事実を明らかにする

アセスメント

□ 職場では、自由に意見を言うことができる
□ 職場では、お互いの意見や提案を聞く雰囲気がある
□ 職場では、関連部門との連携がうまくいっている
□ 職場では、困ったときにサポートし合う雰囲気がある
□ 職場では、職場のトップが信頼されている

□ 今の仕事にやりがいを感じている
□ 仕事に見合った評価を受けている
□ 会議では活発に意見が出される
□ 従来のやり方にとらわれず、常に新たなやり方を試している
□ 職場では、将来の会社像や夢について語り合うことがある
□ 職場の目標設定は十分納得できる

□ スタッフから信頼され、よく相談される
□ スタッフの考えや思いを、質問を投げかけることによって引き出している
□ スタッフの行動や成果に対してタイムリーにフィードバックしている
□ スタッフに提案要望したあと、適宜フォローしている
□ スタッフ一人ひとりの強みに目を向けている

□ 常に会社の収益を意識し、それを増加させるための努力をしている
□ スタッフ全員が経営感覚を持ち、収益の向上に努めている
□ 会社のビジョンがすべてのスタッフと共有されている

＊CCA（コーチング・カルチャー・アセスメント　（株）コーチ・エィ開発の企業診断システム）より抜粋

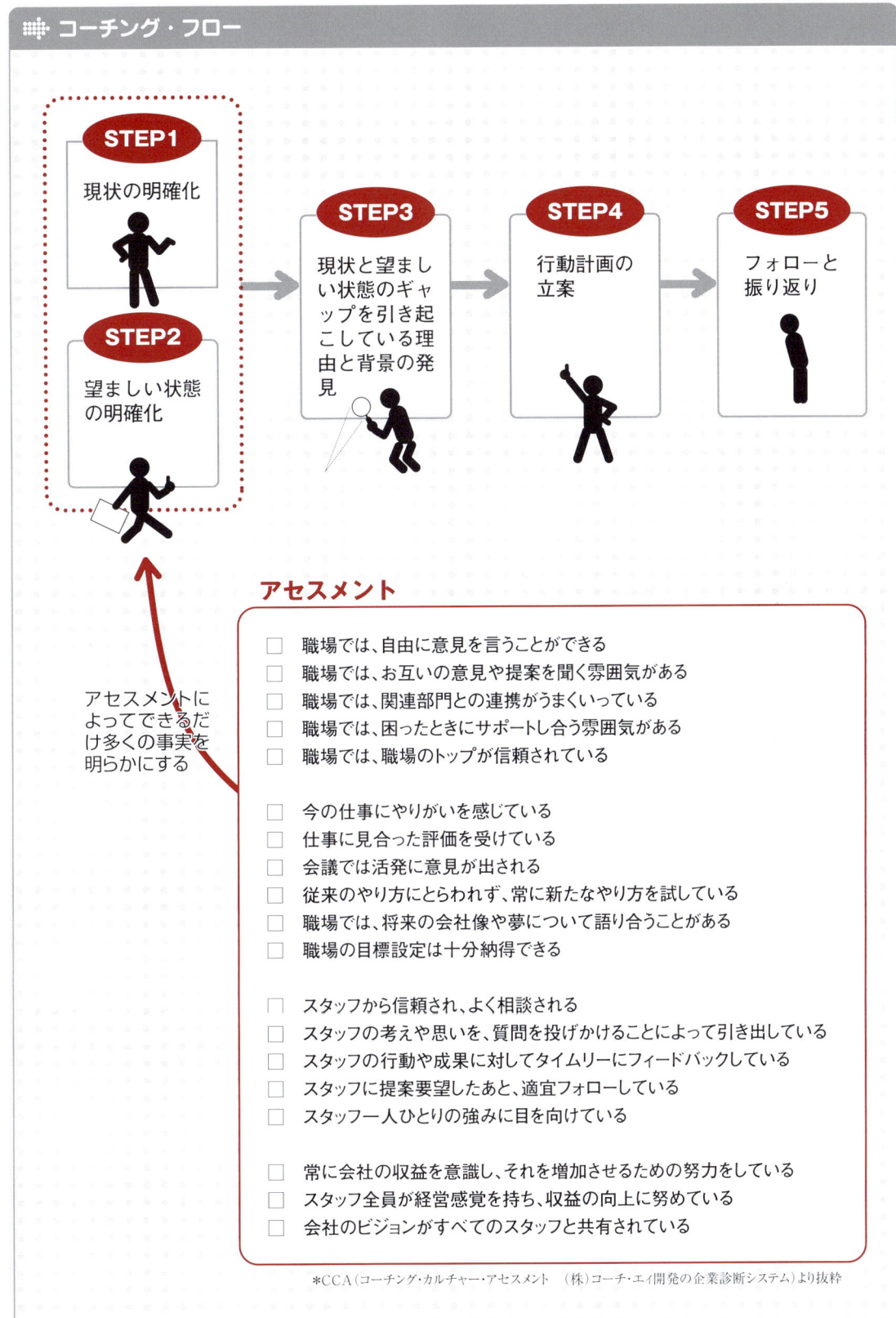

SECTION2

コミュニケーションとは相手に要求していくこと

＊

リクエストは物事をはっきりさせ、具体化させるコミュニケーション

——＊直接的な要求への抵抗感

コミュニケーションは単なる情報交換ではありません。それは相手に「要求」してゆく行為です。人がひとりでは成し遂げることができないことを達成するために、コミュニケーションは発達してきました。

しかし、人に対して直接的な要求をすることには抵抗があります。拒絶されたときのショックへの恐れと、自分の本心をさらけ出したくないという気持ちです。

そこで、私たちはもう少し迂遠な方法をとることがあります。

たとえば、正論を言う、暗にほのめかす、間接話法を使う、代弁してもらう、交換条件を用意する、などの方法です。あるいは、不平不満を直接または間接的に表明するというケースもあるでしょう。

しかし、これらの方法により目の前のリスクは回避できますが、リクエストする側の「要求」が満たされる確率は低く、ときに相手との関係を混乱させてしまうこともあります。

——＊コーチは要求する

コーチは、暗にほのめかしたり、意味深長なことを言ったりはしません。相手や自分のプライドを守ることはとても大切なことですが、それよりも、深い信頼関係と正直に話せる空間を開くことを重視します。そのため、リスクは承知で「要求」します。

「やると決めたことはやってください」「時間を守ってください」「もう少し短く話してください」「怒らないでください」

もちろん、断られたり拒絶されることもあります。しかし、断られたところからすべては始まります。何でもすんなりいくという幼稚な「シナリオ」を捨てて、断られることが多々あるというスタンスで、再度、毅然と要求します。人のリクエストの全部に応えることなどできません。しかし、どんなリクエストがあるのかを聞くことで、その人に、よりよい提案や情報を提供することはできます。

——＊行動に駆り立てるために

また、人はリクエストを受けることで、自分でも気がついていなかった能力や可能性を見出す機会を得ます。いうまでもなく、リクエストは人を行動に駆り立てます。人は基本的に、誰かのリクエストに応えて行動を起こすものなのです。

実際には、勇気と自己信頼、他者への信頼があるからこそ、お願いしたり要望したりできるものです。これは、コーチがリクエストに対して持つイメージであり、リクエストすることは、物事をはっきりさせたり具体化させるために効果的なコミュニケーションであるというガイドラインに則っているのです。

コーチははっきりと要求する

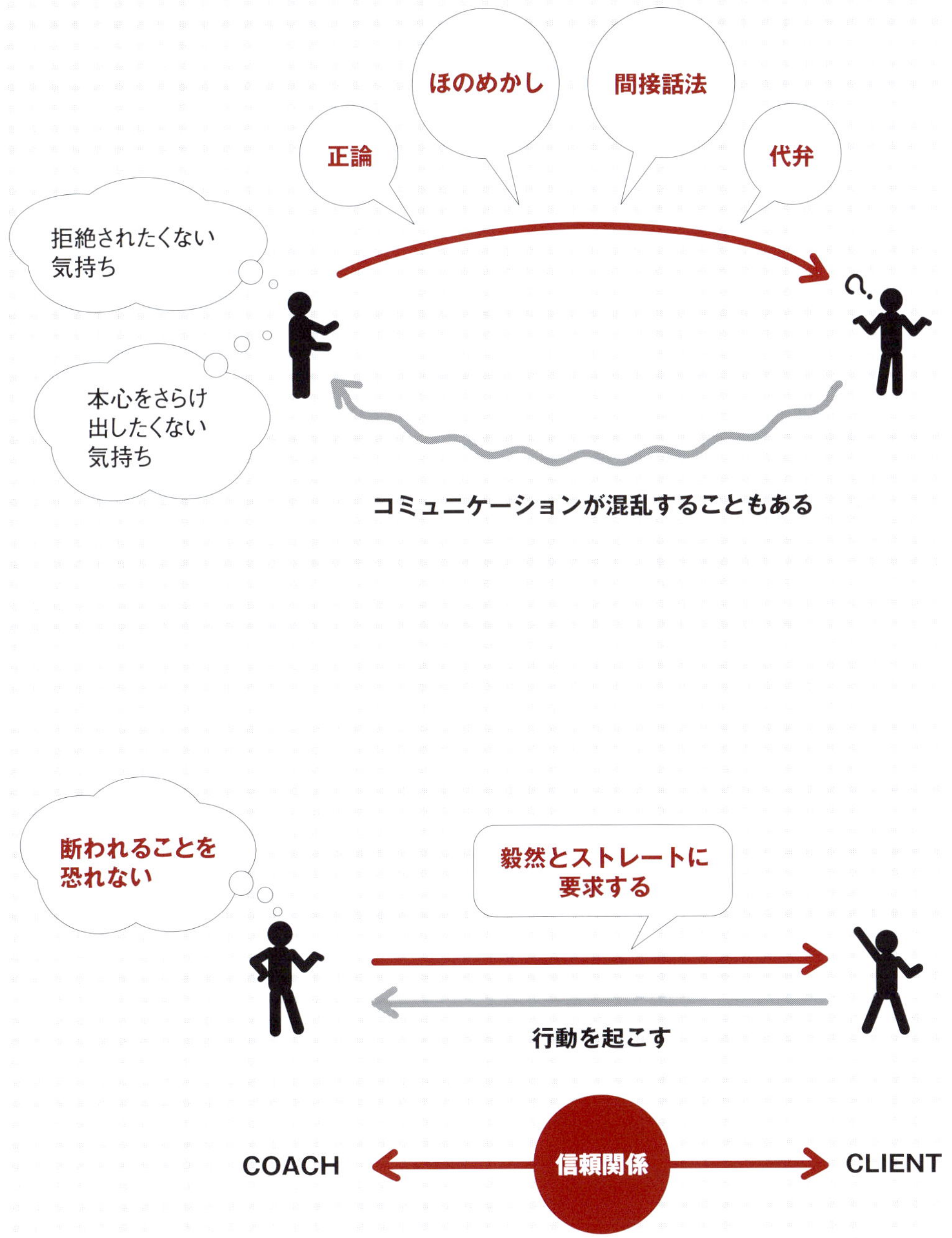

相手のリクエストを聞くということ

コーチのコミュニケーションは相手のリクエストを聞き分けることから始まる

＊

―＊三つの基本

相手のリクエストを聞くということは、相手の望みをかなえるということではなく、相手が何をしてほしいと思っているか、何をしてほしくないと思っているかを聞いて理解するということです。

私たちは、人と向き合うと、相手の心を読むために頭をフル回転させます。確かに相手の気持ちをある程度汲むことはできますが、一〇〇%読み切ることはできません。聞かなければ理解できないことがたくさんあります。

聞くべきことの基本は、次の三つです。

- リクエストを聞く
- 提案を聞く
- 質問を聞く

不平不満をたくさん言う人がいますが、その背景には何らかの「要求」が隠されている場合が多いのです。

もし、要求をはっきりと言えないようなとき、「何か私にできることはありますか？」「何かしてほしいことはありますか？」「してほしくないことはありますか？」という質問で、自分の不平不満をリクエストという形に変えてもらえれば、その人はずっと行動が起こしやすくなります。

部下やクライアントにとっては、上司やコーチにリクエストをすること自体が、「行動」です。

―＊コーチは聞く能力を高める

コミュニケーションが複雑になるのは、人がしてほしいことを直接言わずに、さまざまな複雑で迂遠な方法で、それを伝えようとするからです。したがって、コーチが行うコミュニケーションにおける交通整理は、相手のリクエストを聞くことから始まります。

コーチングのほとんどは、「聞く」ことと「聞き分ける」ことにあります。コーチが学ぶコミュニケーションの大半は、聞く能力を高めることにあります。

無造作に聞くのではなく、コーチは聞くための「インターフェース」を自分の内側につくり上げていきます。コーチが聞く能力を高めれば、クライアントが自分でも気づいていなかった可能性を引き出すこともできます。

私自身、私のコーチと話していると、もう特に話すことはないと思うことがよくあります。しかし、さらに彼と話していると、自分の内側にまだ無限の資源（リソース）があることに気がつきます。誰の中にも、まだまだ自分でも気がついていないリソースがあるのです。

聞く能力の高いコーチができること

相手が話しやすい環境をつくる

相手の緊張を解き、
信頼関係を築くために聞く

相手のタイプや状態、価値観や現在のコミュニケーション能力などを聞き分ける

相手のリソース、夢や目標を引き出す

自分が受け取った意味が相手の言いたいことと一致しているかを確認する

相手の中にあるものを聞くための効果的な質問をつくる

SECTION4

話を「聞く」ということの意味

*

求められているのは、聞かれることと聞き手としての能力

＊聞き手はとても少ない

会話は、「話し手」と「聞き手」がいることによって成り立ちます。ところが、実際には何を話すかに注意が集中してしまい、相手の話を聞くことにはあまり価値が置かれません。

自分が会話をしている場面を思い浮かべてみてください。相手が話しているとき、聞き手であるあなたは聞いているような顔をしながら、実は次に何を話すか考えていることはないでしょうか。確かに、あいづちは打つでしょうが、だからといってしっかり聞いているわけではないのです。

世の中には、話し手ばかりが多くて、聞き手はとても少ないことに気づきます。

たとえば、営業マンが外から帰ってきて上司に業務報告をする場面でも、上司が聞きたいことは、「結果」つまり「売れたのか、売れないのか」ということだけです。上司は、状況が把握できない自分への不安から詰問してしまい、それに気づいた部下は守りに入ります。そして、上司はやがて「なぜ」を連発するようになります。

「なぜ、そこでもっと押さなかったんだ」「なぜ、もっと準備をして行かなかったんだ」

部下はこう思います。「何かまずいことを言ってしまったんだろうか」「自分の話は聞いてもらえているのだろうか」

＊「私は大切な人ではない？」

やがて彼は「自分の話は聞かれていない」と判断します。そして、心理的に負のスパイラルに陥ってしまうのです。聞かれていないと、焦りや不安、孤立感を覚えます。自分の存在価値が下がったように感じます。すなわち、「聞かれていない」イコール「大切な人ではない」と感じてしまうのです。

十分に聞いてもらい、頭を整理することが、私たちには必要です。同時に、私たち自身が、聞き手としての能力を開発することを求められています。

ところで、あなたが誰かに「話を聞いてほしい」と言うと、どんなことが起こるでしょうか。あなたの話を聞いて「忠告」を始める人もいるでしょう。問題を解決しなければならないと思い、身構える人も多いでしょう。また、あなたの話に批判を加えてくる人もいます。

しかし、実際に話を聞いてほしいと思っている人の望みは、ただ「私の話を聞いてほしい」ということだけなのです。

自分の話を聞いてもらえた人だけが、聞くことの価値を認識します。そして、次にコミュニケーションを交わすとき、進んでよい聞き手になろうとします。そうすることでよりよい人間関係を築く能力を身につけていくのです。

聞かれていないことによる負のスパイラル

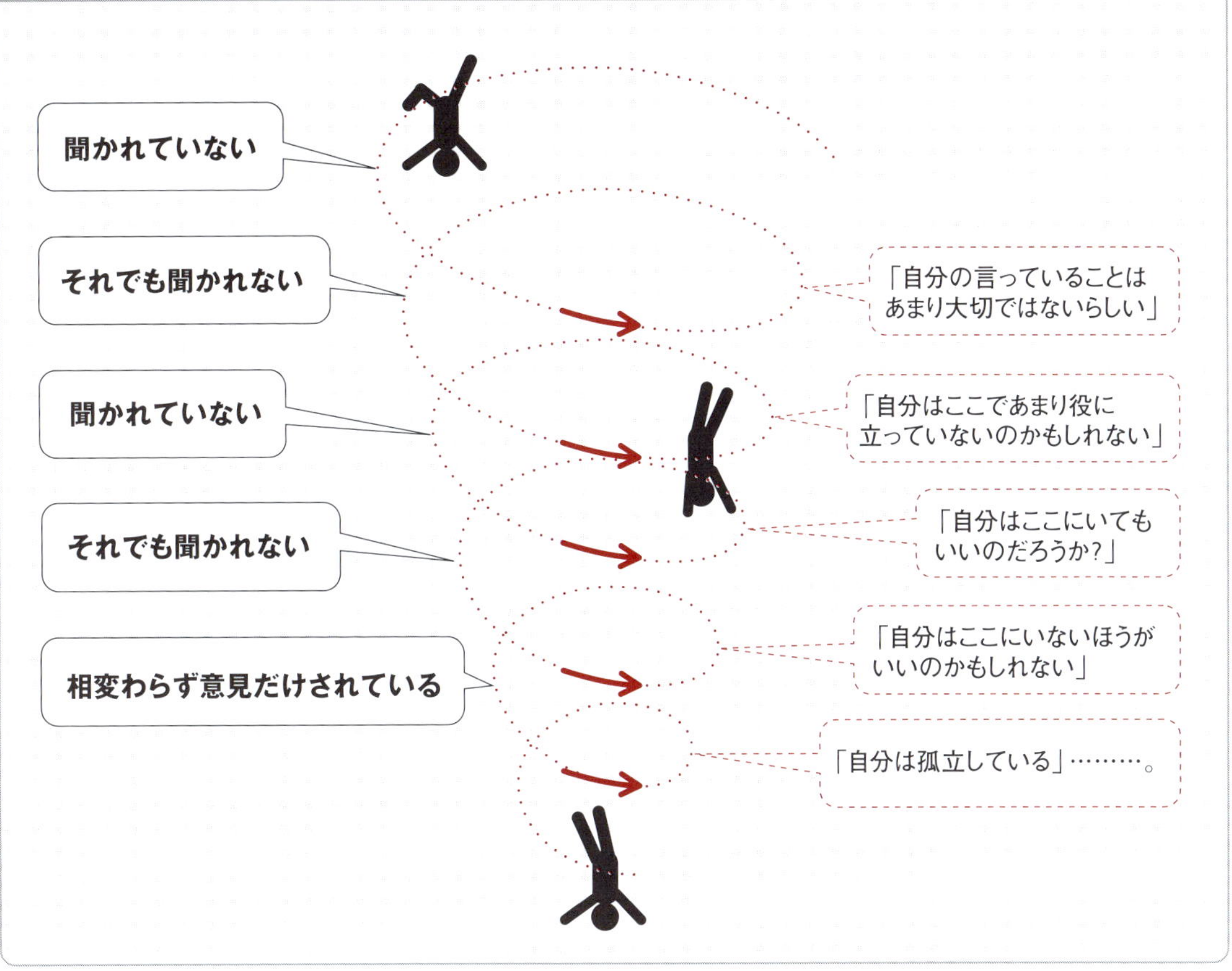
聞かれていない
それでも聞かれない
聞かれていない
それでも聞かれない
相変わらず意見だけされている
「自分の言っていることはあまり大切ではないらしい」
「自分はここであまり役に立っていないのかもしれない」
「自分はここにいてもいいのだろうか？」
「自分はここにいないほうがいいのかもしれない」
「自分は孤立している」………。

話を聞くという行為に対する誤解

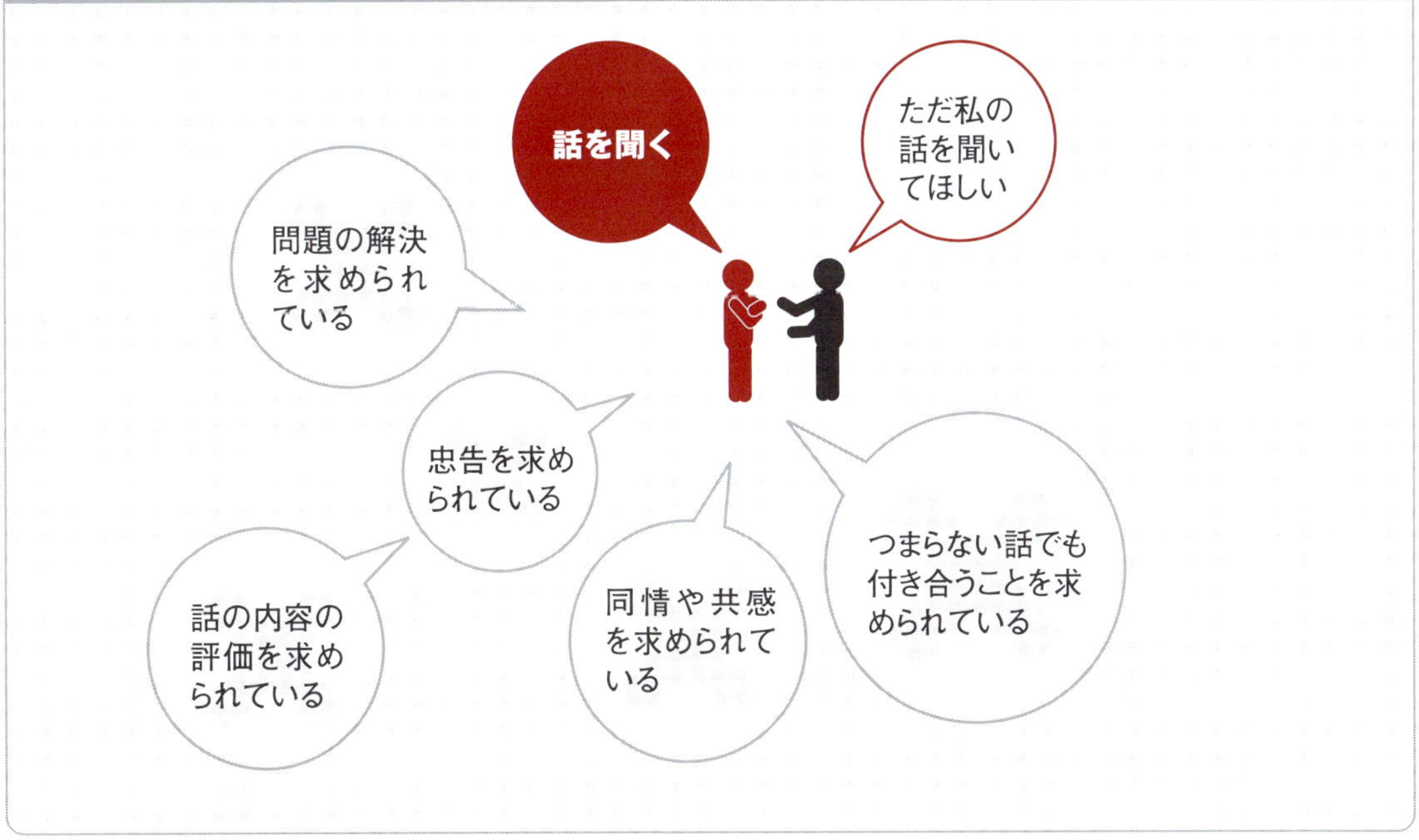
話を聞く
ただ私の話を聞いてほしい
問題の解決を求められている
忠告を求められている
話の内容の評価を求められている
同情や共感を求められている
つまらない話でも付き合うことを求められている

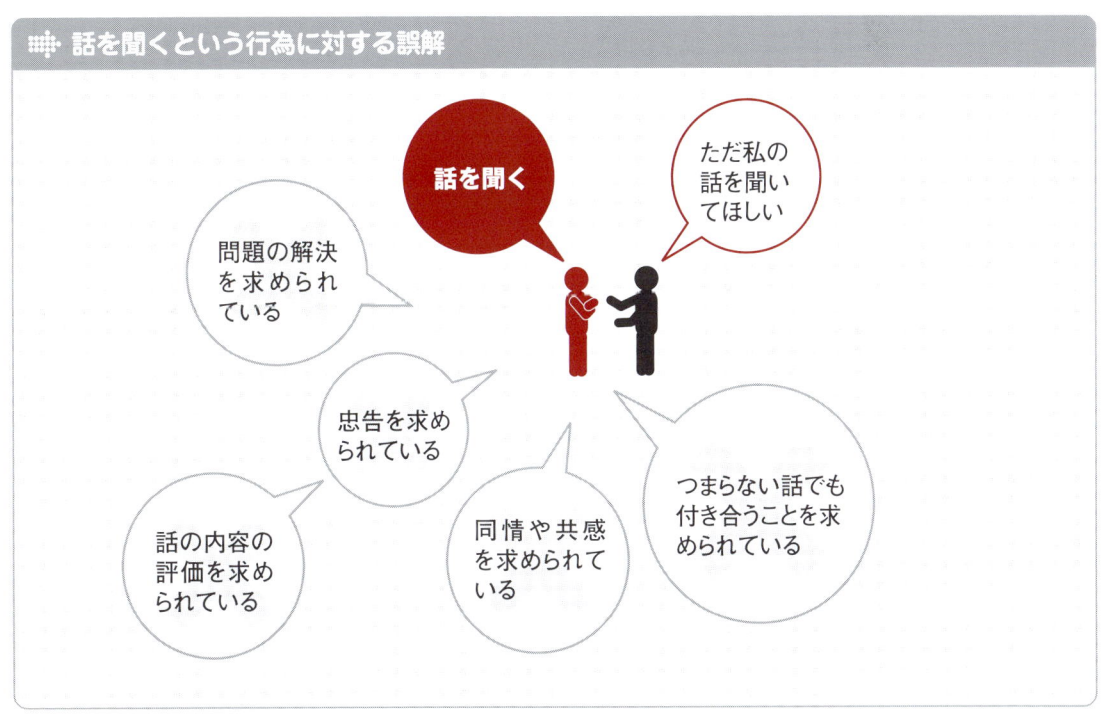

SECTION5

オートクラインとパラクライン

＊

アイディアは、一度外に出さないと認識できない

＊相手に話すことで認識する

私たちは、なぜ話すのでしょうか？

私たちが毎日目にする、建築物、車、コンピュータ、新しい商品の開発、問題解決の方法、これらはすべて人の内面にあったものです。内面にあったときには本人も気がついていなかったかもしれないアイディアが、誰かとの会話の中でアウトプットされ、具現化されたわけです。もちろん、会話の最中にそれが引き出されるとは限らず、会話に刺激され、後になって、気づきやひらめきとして、言葉やビジョンとして具体化されることも少なくありません。

私たちが人と話しているとき、思っていることを話すと同時に、その最中に自分が何を思っていたかに気づくこともあるはずです。つまり、単に相手に情報を伝達するというだけでなく、自分が何を思っているかを知るという目的が、会話に含まれていることに気づきます。

実は、私たちの身体を構成している一つひとつの細胞も、お互いにコミュニケーションを交わしています。Aという細胞が情報を発信し、Bという細胞のリセプター（受容器）がそれをキャッチします。この過程をパラクラインといいます。

ここで新しい発見がありました。Aという細胞が情報を発信しているとき、Aという細胞は自分でリセプターを出して、自分の発信している情報を自分で受信していたのです。この現象をオートクラインといいます。

＊ひとりでは限界がある

会話に置き換えれば、人は目の前にいる人に向かって話しながら、自分でも自分の話していることを聞いているということです。

アイディアを生み出すための孤独な思索には限界があります。集めた情報を咀嚼するためにひとりになることも必要ですが、他者とのコミュニケーションは不可欠です。

人は会話を交わし、言葉にしてアウトプットすることで、自分のアイディアを認識することができます。人は、自分の内側の情報を一度外に出さないと認識できないのです。すなわち、話す相手がいなければ、自分の思っていることにも気づくことができません。

自分では気づいていないかもしれませんが、クライアントも部下も「オートクライン」を求めています。

聞くということについて少し角度を変えて見れば、部下やクライアントが自分で自分の頭を整理したり、アイディアを引き出すのを手伝おうというスタンスに立つことができます。そして、それはコーチにとって最も大切なコンピタンシーです。

オートクラインとパラクライン

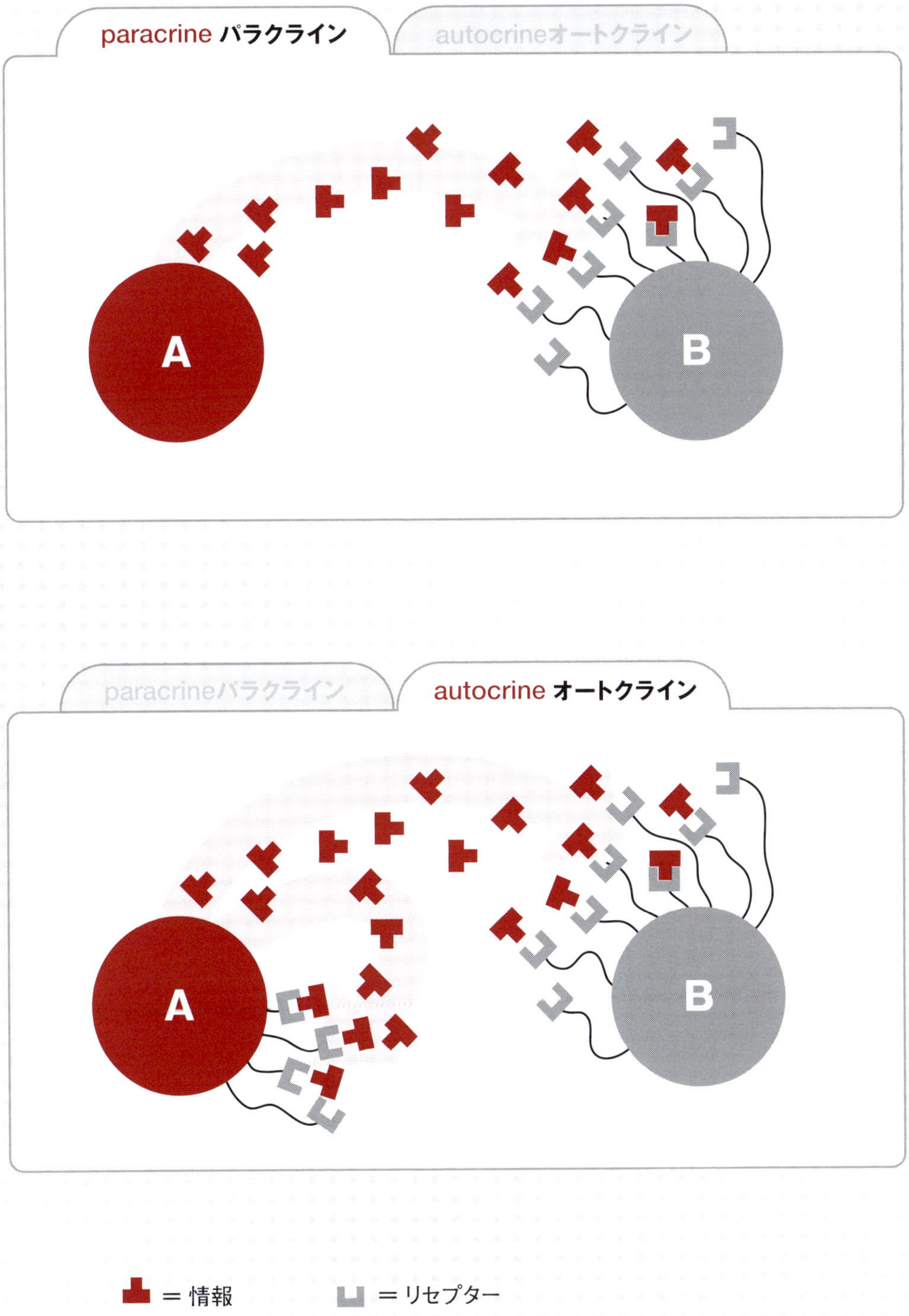

相手の中に「リセプター」をつくっていく

＊

コミュニケーションとは、相手の聞く能力を変えていくこと

——＊リセプターとは

私たちの体は、三〇兆ともいわれる多くの細胞が集まってできています。そして、細胞はお互いにコミュニケーションを交わしています。コミュニケーションを交わすためには、情報を発信し、それを受信する器官が必要になります。その器官を「リセプター」といいます。リセプターとは受容体、受容器という意味です。

ここで注目しておきたいのは、目や耳が見たり聞いたりしているわけではなく、脳が見たり聞いたりしているということです。脳は、目や耳に入る情報を全部取り込んでいるのではなくその中から選んでいる、簡単に言えば、見たいものや聞きたいことしか受け取らないということです。

細胞のリセプターも、どんな情報でも取り込むわけではありません。どの情報を取り込むかはすでに選択されています。受信側に発信された情報に対するリセプターがなければ、どんなに有益な情報でも受け取られることはないということです。

——＊相手のリセプターを開く

自分の子どもが幼稚園に行くようになると、急に黄色い帽子が目に入るようになります。小学校に入るようになると、ランドセルが目に入ってきます。髪を切ろうか迷っているときは、人の髪型ばかりが妙に気になります。

あるときコーヒーショップでパソコンを開いていたら、ウエイトレスが声をかけてきました。

「これ新しい機種ですね、どうですか？」「迷っているんです、どれにしようか」

きっと彼女には、私の使っていたパソコンがとても大きくクローズアップされて見えたのでしょう。リセプターがあったからです。

このように、リセプターのある人は自分から情報を取りに行きます。リセプターのない人には話しても通じません。つまり、関係をつくり出すということは、相手のリセプターを開いていくということです。

上司と部下の間に溝が生じる要因のひとつは、両者の間にリセプターの有無、リセプターの違いが介在しているということです。そのことを認識していないと、ただの物わかりの悪いおじさんと生意気な若造になってしまいます。このため、会話の過程で、相手のリセプターがどこにあるのかを確かめる必要があるといえるでしょう。

コミュニケーションとは、相手の聞く能力に働きかけ、聞く能力を変えていくことを意味します。会話の主体は、話し手の側ではなく、聞き手の側にあるのですから。

相手の中にリセプターをつくるためのプロセス

1 はじめに自分の話していることに対するリセプターの有無を確かめる

↓

2 次にどんなリセプターを持っているかをリサーチする

↓

3 持ってほしいリセプターを提示する

↓

4 今、持っているリセプターとの関連を見出す

相手の話しやすい環境をつくる

＊

上下や勝ち負けという二極化から抜け出す

——＊相手が話しづらい態度

聞く能力が高いということは、「相手が話しやすい環境」をつくれるということです。というのも、私たちは知らず知らずのうちに、相手が話しづらい環境をつくってしまいがちだからです。たとえば、次のような態度です。

❶攻撃的な態度

問題なのは、自分ではそれと気づかず、攻撃的な印象を与えてしまっている場合です。たとえば、途中で口を挟んだり意見する、話の途中で指で机をたたいたり体をゆすったりする、眉間にしわを寄せた険しい表情、などです。

❷優位に立とうとする態度

相手の話を聞きながら、無意識に、どちらが上か下か、勝っているか負けているかと二極化して自分の立場を決めたがります。この場合、どこまで話しても平行線のままです。

❸心を通わせない様子

よく理解して聞いてくれているものの、相手の心ここにあらず、と感じることがあります。お互いに生身の人間であることを無視してしまうと、話は通じたように見えても、行動は起こせません。

❹偉そうな態度

自信があるとき、たとえば、頭の後ろで手を組んで、椅子の背によりかかり、脚をグーッと前に伸ばして、相手の話を聞くことがあります。たとえ聞き手にそんなつもりはないとしても、相手が受け取るメッセージはただひとつ、「おまえの話なんか、聞いていられない」

❺神経質な振る舞い

査定のための面接や苦手な上司を相手にしているときなど、居心地の悪い状況にあるときに、指で机をたたく、髪をいじるなどの振る舞いをしやすいものです。自分も聞きづらいのかもしれませんが、相手も話しづらいということを忘れてはいけません。

——＊二極化から抜け出す

私たちが、なぜ、わざわざ相手が話しづらい態度をとってしまうのかというと、左に掲げたように、会話を、勝ち負けを決める場にしてしまうからです。

けれども、会話は、上か下か、知っている・知らない、正しい・間違っているの二極化を超えたところで広がります。勝利を得ることも価値あることですが、会話を通してお互いが協力関係を築き、より大きな力をそこに結集するという面から見れば、勝ち負けにこだわるのは得策ではありません。まわりの人たちの話す能力を高めるためには、二極化から抜け出して「優秀な聞き手」になるというコミットメントを持つべきです。特にマネージャーにはそれが求められています。

なぜ、わざわざ相手が話しづらい態度をとってしまうのか？

コミュニケーションとは、相手を説得することだ、ときには言い負かす必要があると信じている
話し手と聞き手とでは、話し手のほうが上であると思っている
自分の今の立場を守っていたい
自分について都合の悪いことをわざわざ聞きたくない、聞いて傷つきたくない
自分の知らないことや間違っていることが、露見してしまうことへの恐れ
話を聞く方法を知らない、または聞いていると思い込んでいる
聞くという能力は、後天的に意識して身につけるものであるということを知らない

クリエイティブ・リスニング 10のポイント

＊

よい聞き手に聞いてもらうことで、相手もまたよい聞き手となる

よい聞き手に話を聞いてもらう経験は、その人の聞き手としての能力を高めます。よい聞き手となるために知っておくべき一〇のポイントを、あげてみましょう。

❶時間をとること

効果的な会話には時間がかかります。でも、それは長い目で見れば、時間の節約となります。日常的に、ある程度、時間を割く用意が必要です。

❷相手を尊重すること

相手の意見や考え方を尊重して話を聞くことは大切です。

❸話しやすい環境をつくること

前項を参考に、まず、今の自分の態度を振り返ってみてください。

❹さえぎらずに最後まで聞くこと

❺判断しないこと

判断するということは、実際には聞いていなかったということにつながります。「でも、しかし」は、話の腰を折ります。

❻自分が理解しているかどうか、ときどき確認すること

言葉はビークル（乗り物）です。言葉には、話している人が伝えたいと思っている情報や要望、質問が乗っています。ところが、聞き手が受け取る過程で内容を歪めてしまうことが多々あります。このため、「こう理解したのですが、おっしゃったのはそういう意味ですか」とか「今の話を簡単にまとめてもらえるかな」と確認する必要があります。

❼客観的になること

感情、考え、先入観が聞くときの邪魔をします。よい聞き手は、自分の感情や考えをコントロールできます。

❽肯定的なノンバーバル・メッセージを出すこと

コミュニケーションにはバーバル（言葉を使う）とノンバーバル（言葉以外）があります。効果的な聞き方ができているときには、ふさわしいボディランゲージを使っているものです。

❾沈黙を大切にすること

話し手が何か隠していることがある場合でも、沈黙を活用すれば、その沈黙を埋めるため、思わず本当のことを話してしまうことがあります。また、沈黙を活用することによって、相手に気分を落ち着かせ、考えをまとめる時間を与えたり、心地よい感じをともに楽しんだりすることができます。

❿コミットメント

効果的な聞き方の持つ力を信じます。一生懸命聞こうと意識することが大事。頭も心も働かせて聞きましょう。

バーバルコミュニケーションとノンバーバルコミュニケーション

● 何によって相手に伝わるか（対面している場合）

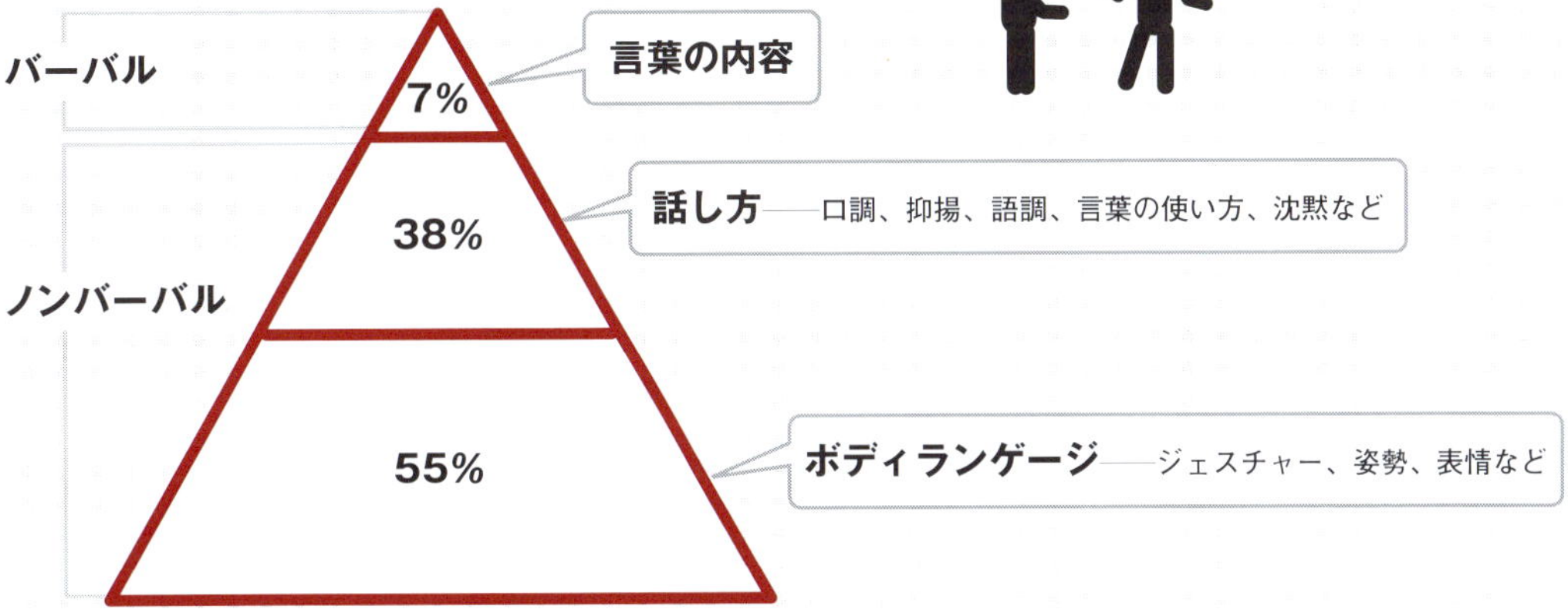
バーバル
ノンバーバル
7%
38%
55%
言葉の内容
話し方――口調、抑揚、語調、言葉の使い方、沈黙など
ボディランゲージ――ジェスチャー、姿勢、表情など

言葉の内容そのものよりも、それ以外の要素の影響が大きい

● ノンバーバルコミュニケーションの留意点

表情

［アイコンタクトは心配だが、じっと見つめたり、にらみつけてはいけない］

ジェスチャー

［ジェスチャーは話し手のもの。聞き手のジェスチャーは話し手の邪魔］

姿勢

［決まった正しい姿勢はないが、攻撃的あるいは消極的と見られる姿勢は避けること］

話を聞き分けるための四つのタイプ

＊
コントローラー、プロモーター、アナライザー、サポーター

——＊四つのタイプとは

コーチは、相手の話を聞き分けるために、いくつかの視点を持っています。その中のひとつがコミュニケーション・スタイルによるタイプ分けです。

同じことを言っても、相手のタイプによって受け止め方がまるで違います。もちろん、人を単純にタイプ分けすることはできませんが、その傾向を知っているだけで、相手に対する興味や関わり方のレパートリーは広がります。

そのタイプとは、次の四つです。

❶人も物事も支配していくコントローラータイプ
❷人や物事を促進していくプロモータータイプ
❸分析を行い、戦略を立てていくアナライザータイプ
❹全体を支持していくサポータータイプ

——＊タイプに優劣はない

タイプ分けについては、いくつか注意する点があります。まず、理解したいのは、どのタイプが優れていて、どのタイプが劣っているということはないということです。どのタイプにも、得意とする領域もあれば不得意とする領域もあります。ですから、コーチが相手を違うタイプに変えていこうとすることは無意味であるばかりでなく、相手の大きな抵抗を生み出すことにつながります。

タイプを知ることにより、お互いの価値を認め、より自らの特質を生かすことができます。

たとえば、創造性が高くいろいろなアイディアを生むプロモーターにとって、アイディアを現実化していくのには、アナライザーの分析力や判断力がいいモデルになるでしょう。また、人との関わりに苦手意識のあるアナライザーにとっては、人との関わりを促進していくプロモーターのあり方は価値があります。

——＊決めつけは避けること

もう一つ注意したいことは、タイプ分けは、人の人格や関わり方を決定するものではないということです。パターン化しやすい私たちの関わり方に、新しい視点をもたらすものです。ですから、あの人はこのタイプだからこういう性格だ、だからこういう関わりをすればいいだろうというような安易な決めつけは、かえってコミュニケーションを狭めます。あくまでも、コミュニケーションの可能性を広げるための視点のひとつとして利用していくことが大切です。

部下やクライアントと向かい合ったときに、タイプが何であるかを考えると、相手に対して興味が持てるようになります。また、これまでコミュニケートすることが難しかった相手に対して、別のアプローチができる可能性が生まれます。

4つのタイプ分け

Controller コントローラー

特徴

- 自分の思いどおりに物事を進めることを好む
- 行動的、野心的、支配的、威圧的、エネルギッシュ
- 決断力がある
- 人間関係より仕事優先
- 速いスピードで行動する
- 人の話をあまり聞かない
- 敵意を持っているように思われがち

関わり方

- 頭ごなしに言うと、回路を閉ざしてしまう
- 単刀直入に話す
- コントロールしようとしない

Promoter プロモーター

特徴

- オリジナルのアイディアを出すことを重視する
- 人と活気のあることをするのを好む
- 楽しいことが好きで、細かいことはあまり気にとめない
- 変化・混乱に強く、先見性があり順応性が高い
- 自分ではよく話すが、人の話はあまり聞かない
- 計画性に乏しい
- お調子者と思われるときもある

関わり方

- 質問によってアイディアを引き出すと、モチベーションが上がる
- アイディアが拡散しやすいので、テーマに絞ることで有効に機能する
- ネガティブなアプローチは避ける

Analizer アナライザー

特徴

- 行動は慎重
- 物事を始める前にデータを集め、分析する
- 計画を立てるのが好き
- 物事を客観的に見ることができる
- 粘り強く、最後までやり遂げる力がある
- 失敗することに対して怖れがある
- 変化や混乱に弱い

関わり方

- 「すぐ動きなさい」と言うと、それだけで動けなくなってしまう
- 少しずつ変わりたがるので、大きな変化を強いるとプレッシャーとなる
- 感情表現が苦手なので、内面に注意を向けることが必要

Supporter サポーター

特徴

- 人を援助することを好む
- 温かく、穏やかな性格
- 人との協調性を大事にする
- 他人の気持ちに敏感で、仕事よりも人間関係を優先させる
- 決断力が乏しい
- リスクを冒すことに弱い
- 人に賞賛されないと動けない

関わり方

- あまり自分を表現しないため、彼らが欲していることを見つけてあげる
- NOと言えないため、「NOと言ってもいい」ということについて話す
- しっかりと提案・要求をさせることも必要

SECTION 10

クローズド・クエスチョンとオープン・クエスチョン

＊

自発性を引き出すために的確で刺激的な質問をつくり出す

＊効果的な質問とは

コーチングで一番大切なことは、クライアントの自発性を引き出すことです。そのために、いかに効果的な質問をつくり出すかが、コーチングのすべてであると言っても過言ではありません。

質の高い関係を築くためには、目的のある会話が必要です。目的とは、たとえば、その話題について決着をつけること、問題を解決すること、チャンスをつかむことです。したがって、目的のある会話とは、ある課題やテーマについて、その輪郭をはっきりさせ、発展させ、最後にはどう対処するかを決めていくもので、５Ｗ１Ｈが明確になっていく会話です。

５Ｗ１Ｈの疑問符を会話の中でいかに的確に用いて、効果的な質問をつくり出していくかで、コーチの力量が問われます。

＊詰問してもうまくいかない

質問には「オープン」と「クローズド」があります。一般には、オープン・クエスチョンは、５Ｗ１Ｈを用いたものとされ、オープンの名の示すとおり、答えの内容はさまざまになります。クローズド・クエスチョンは、ＹＥＳ・ＮＯで答えさせるもので、主に事実や意見を明確にするために用いられますが、実際のところ、二つのうちのひとつを選ばせるため、詰問調になりがちです。したがって、コーチングの会話では、オープン・クエスチョンを使うのが原則です。

ところが、このうち「ＷＨＹ？」は、一見オープン・クエスチョンの形をとりながら、事実上、相手を詰問するクローズド・クエスチョンとして用いられていることが非常に多いのです。

「なぜ、できなかったんだ？」
「なぜ、そんなことをやってしまったんだ？」

「なぜ？」は、相手に説明を求める質問であると同時に、責任を迫る意味も持ちます。「なぜ？」と聞くと、相手を萎縮させ、創造的で積極的な行動を奪います。と同時に、「なぜ？」と聞いているほうも不快になり、問題解決のチャンスを失います。

ただし、深く洞察したり視点を広げるための「なぜ？」という質問は有効です。お互いに向き合って「なぜ？」を使うと責め合いになってしまいますが、お互いが同じ方向に目を向けているときには有効な質問となります。

同じ内容でも、「何が足りなかったんだろう？」「何か気がついたことはなかった？」というように「ＷＨＡＴ？」を使えばオープン・クエスチョンに転化しますし、「どうやったら、同じ失敗を繰り返さないですむと思う？」「次はどういうふうにやる予定？」というように「ＨＯＷ？」を使うのも有効です。

コーチは5W1Hを使って効果的な質問をつくる

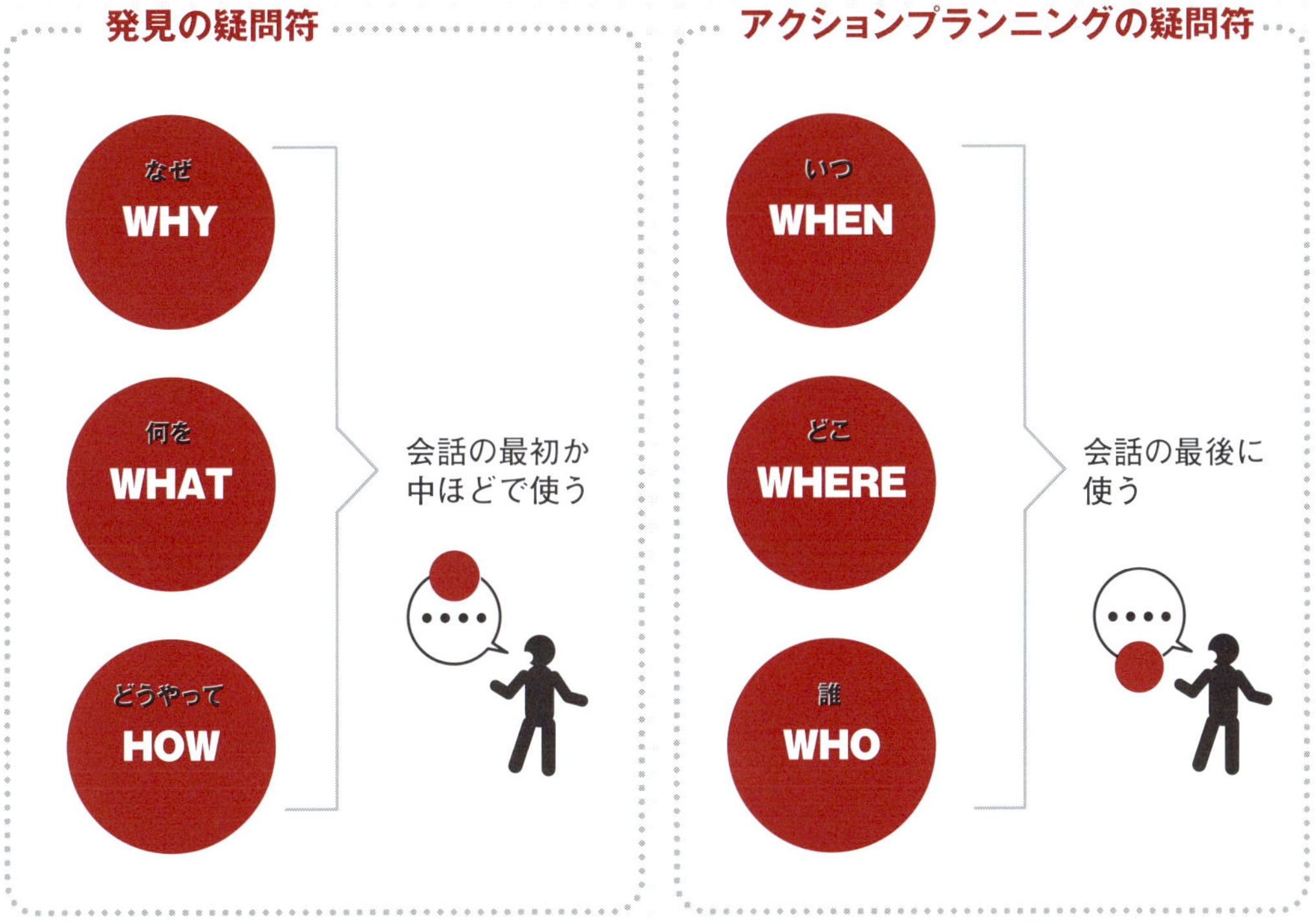
発見の疑問符
WHY《なぜ》
WHAT《何を》
HOW《どうやって》
会話の最初か中ほどで使う
アクションプランニングの疑問符
WHEN《いつ》
WHERE《どこ》
WHO《誰》
会話の最後に使う

コーチが質問をする目的は

- 視点を変える
- 未来を予測する
- リソースを探す
- モデルを探す
- 問題をはっきりさせる
- 物事を具体的にする
- ビジュアル化する
- 気づきやひらめきを促す
- 目標を設定する
- ソフトモデルを見つける
- 問題を特定する
- 考えを喚起する
- アイディアを発展させる
- 知識、スキルを棚卸しする

SECTION 11

クローズド・クエスチョンを　オープン・クエスチョンに置き換える

＊

頭の中で自分にしているクローズド・クエスチョンをオープン・クエスチョンに変えていく

——＊新しい視点を持つために

私たちはともすると、クローズド・クエスチョンに偏りがちです。不安になると誰かを責めたくなってしまうというのが、その理由のひとつです。でも、もっとも大きな理由は、オープン・クエスチョンのつくり方を知らないということにあります。

オープンな質問によって、自分でも気づかなかったことに気づくことが多々あります。行き詰まったときでも、新しい視点を持てることがあります。何よりもオープンな質問を受けることで、考えることが楽しくなります。したがって、いかに効果的なオープン・クエスチョンをつくっていくかが、コーチの重要な役割となってくるのです。

ただし、常にオープン・クエスチョンが優れているわけではなく、クローズド・クエスチョンが有効な場合もあります。原則としてクローズド・クエスチョンは、自分が持っている範囲と視点の中での情報収集、確認、行動を具体化するときには役立ちます。

——＊頭の中の会話を観察する

ところで、ふだん頭の中で自分とどんな会話を交わしているかを観察すると、自分に対してオープン、クローズド、どちらの質問をより多くしているかを知ることができます。

「なぜこうなってしまったんだろう？」「どうしよう？」という会話を頭の中で交わしがちなのか、それとも、「今すぐにやれることは何だろう？」「最終的にはどうしたいのだろう？」「何を今求められているんだろう？」「誰に相談することができるだろう？」「いつ、それを始めようか？」「過去にはどうやって解決しただろう？」という形で自問しているのかということです。

もし、頭の中でクローズドな質問を繰り返しているようなら、オープンな質問を試してみる価値があります。自分の可能性を広げるためのオープンな質問はたくさんあります。

たとえば「私はどんなときが一番楽しいだろう？」「どんな人が今自分のモデルになるだろう？」「仕事からお金以外に手にしたいと思っているものは何だろう？」というような問いかけです。

頭の中でのオープン・クエスチョンは、あなたの心を軽くします。同時に、まわりの人たちへのオープン・クエスチョンは、その人たちの魅力を引き出します。

オープン・クエスチョンは、選択肢を広げ、行動を起こしやすくするために行われます。そして、結果から学ぶ機会を増やすためになされます。それが、次の行動のリソースになるのです。

オープン・クエスチョンに置き換えると新しい視点が持てる

なぜ売上げが伸びないんだ？

（ 責められている。
居心地悪いなあ ）

→

何が売上げの伸びない障害になっているんだろうか？

（ そうだな。
どうして売上げが
伸びないんだろう? ）

**なぜ今まで
何もしなかったんだ？**

（ そんなこと言われても…
やれることはやったよ ）

→

**これから何を
していけばいいと思う？**

（ 自分には
何ができるだろう? ）

**どうして
相談に来なかったんだ？**

（ 相談しても
怒られるだけだもんな。
やる気なくなる ）

→

何か手伝えることはないか？

（ 心強いな。
よし、できることから
始めてみよう ）

SECTION 12

効果的な質問をつくるための九つのポイント

＊

効果的な質問をするにはルールがある

❶まず、事前に考えること

事前に、話をする相手、場所、時間、そして会話の内容がわかっている場合、どんな会話を交わすかを考え、プランを立てておけば、より効果的な会話をすることができます。

❷オープン・クエスチョンを使うこと

問題を的確に把握し、そして、相手の持つ幅広い情報にアクセスするためにも、オープン・クエスチョンを使います。

❸答えを誘導するような質問は避けること

オープンでもクローズドでも、あなたの中に最初から用意されたひとつの「正しい」答えを導き出すような質問は避けるべきです。相手から新しい情報を引き出し、問題を解決するのを妨げます。同時に、相手の中に漠然とした不信感を残します。同じ理由で、含みのあるような質問も避けるべきです。

❹論理的な選択を迫るような質問は避けること

たとえば、売上げの低下について話しているとき、「状況から察するに、コストを下げるか、投資額を上げる必要があるだろう。どちらがいいと思う？」というように尋ねるのは単なる脅迫であって、相手に選択を求める質問ではありません。答えはいつも、私たちが探している場所の外側で見つかるものです。

❺正確な表現を使うこと

たとえば、「この件はどのくらい重要なのですか？」と聞くより、「この件は、どのような観点で、どのくらい重要なのですか？」と尋ねたほうが、その話題についての深い洞察と発展が得られるはずです。

❻ときには、挑発し、刺激する質問をしてみること

「当たり前のこと」と思われている事実をわざと逆の視点から見た提案をするなどして、発想を刺激するのも効果的です。

❼シンプルで的を射た質問をすること

気を遣いすぎたり自分に自信がない場合、不必要な言葉をつけ加えて、何を聞いているのかわからなくなることがあります。また、自分の中で、聞きたいことが曖昧な場合は、漠然としすぎて、相手がどう答えていいかわからないような質問をしがちです。

❽ときにはビジュアルを活用すること

一枚の絵は、一〇〇〇語の言葉に値します。ビジュアライズすることは、クリエイティブな発想を刺激するだけなく、記憶にも役立つでしょう。

❾質問は一回にひとつ

効果的な質問のゴールデンルールです。

コーチが留意すべきこと

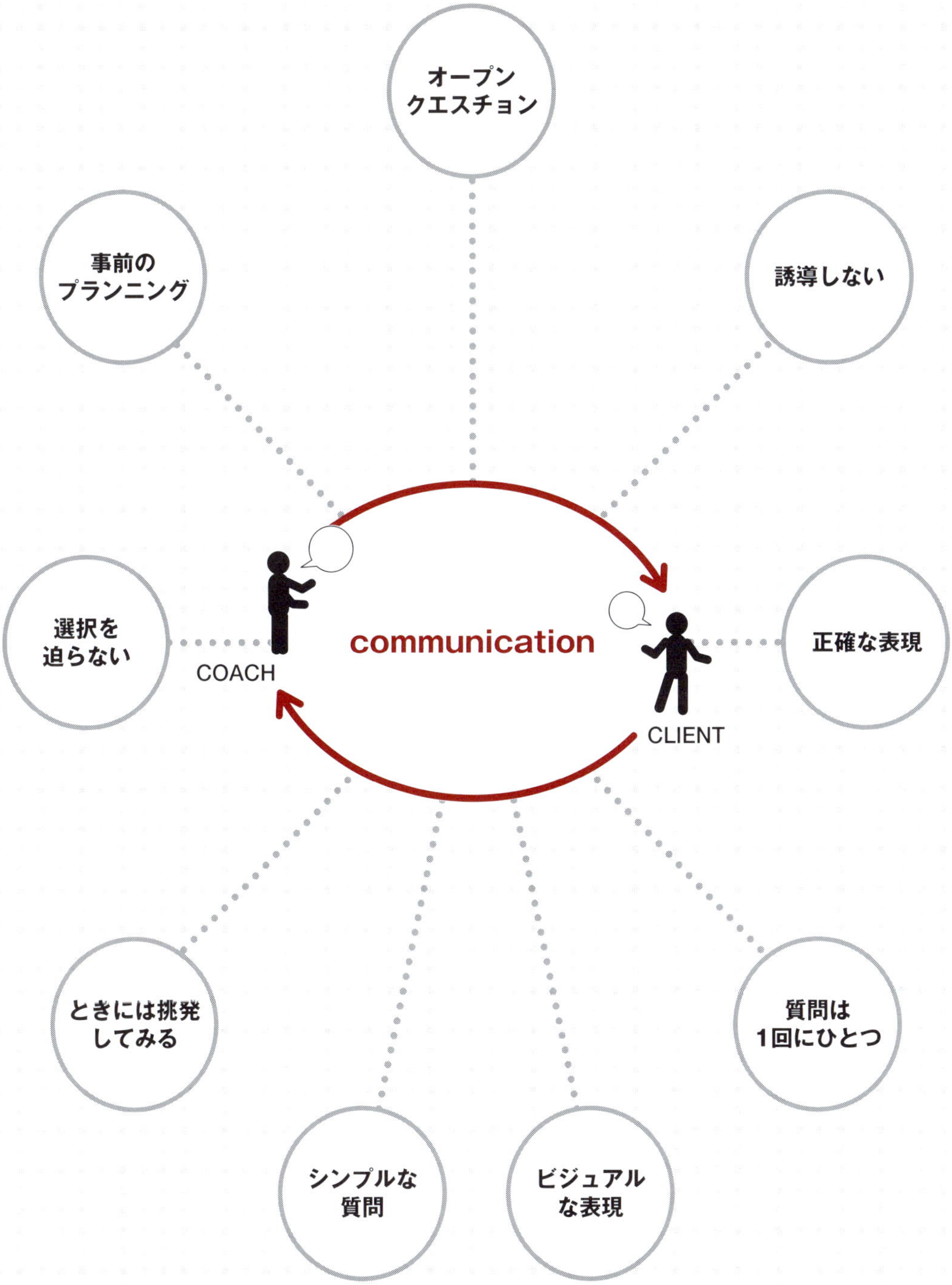
オープン
クエスチョン
事前の
プランニング
誘導しない
選択を
迫らない
COACH
communication
正確な表現
CLIENT
ときには挑発
してみる
質問は
1回にひとつ
シンプルな
質問
ビジュアル
な表現

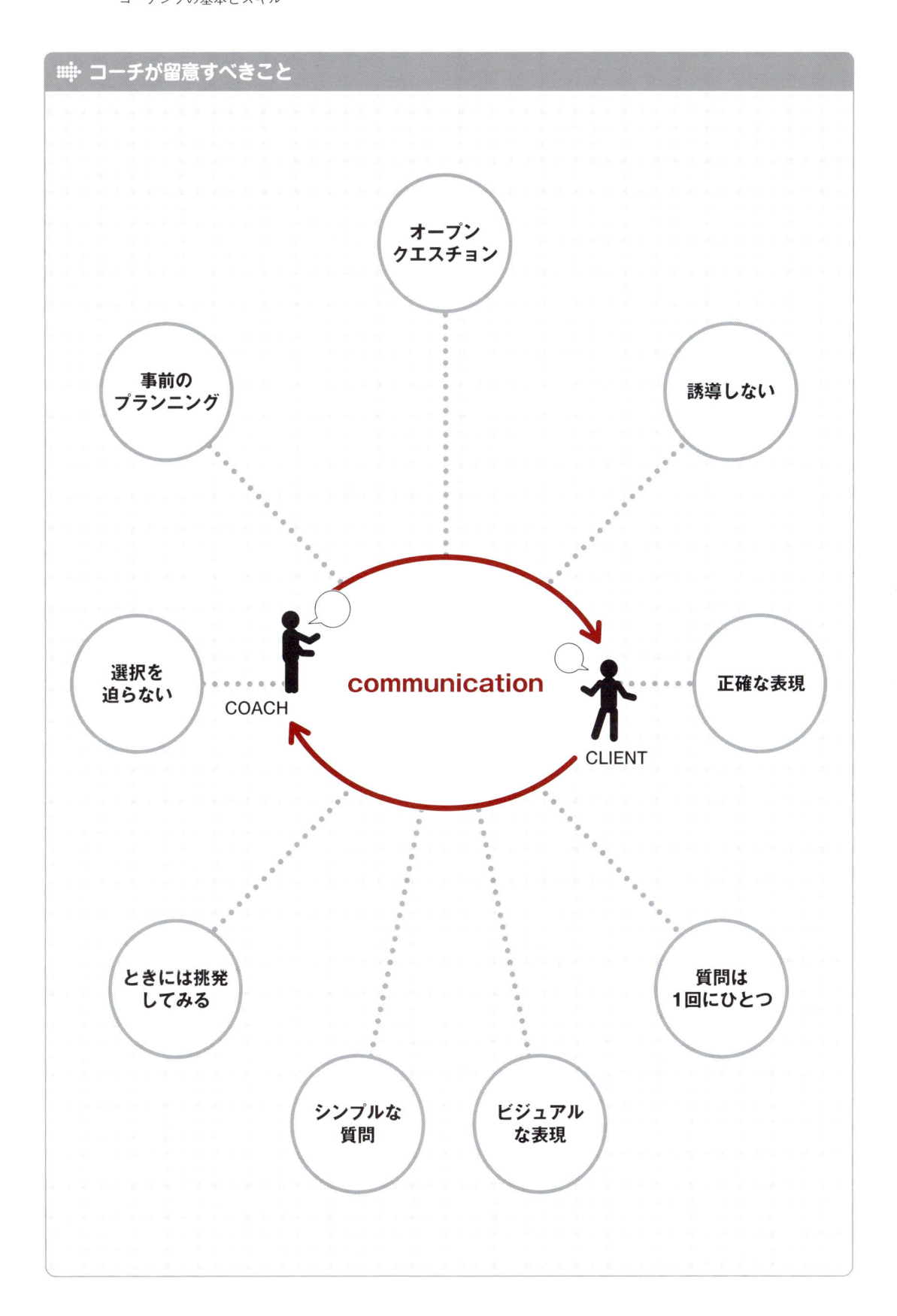

チャンクアップとチャンクダウンを使い分ける

＊

抽象レベルの高いアイディアは具体的行動に落とし込まない限り、人は動けない

——＊チャンクとは

チャンク（chunk）というのは、塊という意味です。チャンクダウンは、塊をほぐす、チャンクアップというのは、塊をつくるということになります。これは、代表的なコーチング・スキルのひとつです。

たとえば、マスコミ ⬇ テレビ局 ⬇ A社 ⬇ 報道部 ⬇ 記者 ⬇ Wさん ⬇ Wさんがゆうべ言ったこと……、というように階層を小さくしていくのがチャンクダウン、です。

「マスコミ」でも十分に会話は成り立ちますが、マスコミという「塊」は、Wさんまで小さくしていくことができます。さらに「Wさん」をもっと小さくしていくこともできます。塊が小さくなればなるほど、扱いやすくなります。

また、たとえば、「明るい」というイメージの塊を小さな塊にしていくと、たとえば「自分のほうから挨拶をする」「声が大きい」などと表現でき、これもチャンクダウンです。

——＊より具体的にするために

最初に生み出されてくるアイディアというものは、多くが非常に漠然としているものです。抽象レベルが非常に高いので、それを行動のレベルに移していこうと思ったら、チャンクダウンさせていく必要があります。塊をどんどん小さいものにしていって、「見てわかる、聞いてわかる、触れてわかる」という状態にします。

また、企画書をつくって、それに対して同僚からフィードバックしてもらうのに、「どうだった？」では、フィードバックするほうも困ってしまいます。チャンクダウンして、具体的に、「量はどうか」「読みやすいか」「こちらの意図は伝わっているか」「判断材料になるか」と聞かなければなりません。聞きたいことを具体的な言葉にすることで、依頼された側は焦点を絞って読み、評価することができるようになります。

——＊大きくとらえる場合もある

ところが、あえて「読んでどうだった？」という聞き方をすることもあります。より大きな塊にして聞くわけです。これをチャンクアップといいます。

チャンクアップした質問をすることで、思ったことを自由に言ってもらうことができます。自分でも気づいていないことを指摘してもらうときには、チャンクアップした質問が有効です。

会議などでテーマをあまりにチャンクダウンしてしまうと、発想が途切れてしまうことがあります。ブレーンストーミングのときは、大まかな枠は決めても、あまり最初から絞り込まず、その後、緩やかにチャンクダウンさせることが肝心です。

人が動けるようにするためのチャンクダウン

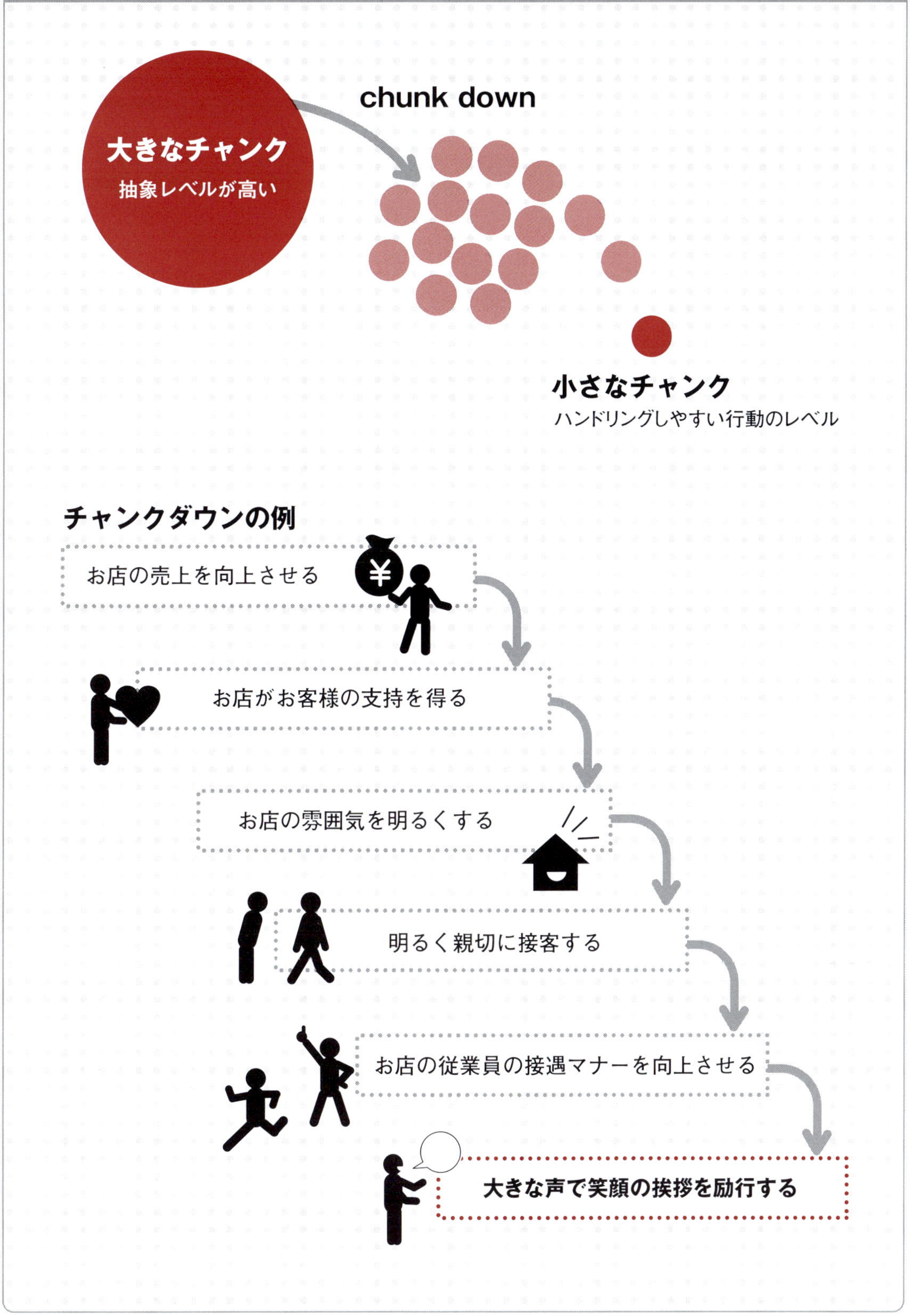
大きなチャンク
抽象レベルが高い
chunk down
小さなチャンク
ハンドリングしやすい行動のレベル
チャンクダウンの例
お店の売上を向上させる
¥
お店がお客様の支持を得る
お店の雰囲気を明るくする
明るく親切に接客する
お店の従業員の接遇マナーを向上させる
大きな声で笑顔の挨拶を励行する

SECTION 14

チャンクのレベルを自在に移動する

自由に発想を広げていくには、ミドルチャンクのレベルにテーマを定めておく

＊

——＊ミドルチャンクが基本

チャンクには、ビッグチャンク、ミドルチャンク、スモールチャンクと、三つの大きさ（レベル）があります。

チャンクダウンして、具体的な行動まで落とし込めば、人は行動を起こすことができます。けれども、チャンクダウンした話ばかり聞いていても面白くなく、展望も開けません。いずれ行き詰まってしまいます。そうかといってチャンクアップが過ぎると、何をすればいいのかわからなくなります。

個人が自分のテーマを持つときは、ミドルチャンク程度にしておくことで、自由度が保たれます。たとえば「お客様とうまく話せるようになる」というミドルチャンクを持てば、ここから自由にチャンクダウンすることができます。つまり、そのために今日はどのように行動するかということを発想できるわけです。

研修などでは、必ずミドルチャンクを持たせて終わるとよいでしょう。具体的で細かな行動（スモールチャンク）を規定するだけでは、全体が見えなくなり、何をやっているのかわからなくなってしまうからです。

ひとつの言葉を理解するということは、チャンクのレベルを大きくしたり小さくしたりすることが自由にできるようになるということです。どの大きさにでもできるということは、行動を起こせるということでもあります。

——＊チャンクの横滑りに注意

あるコーチと経営者の会話です。

——どんな社風にしたいですか？

「やっぱり明るいのがいいね」

——なるほど、ところで明るいというのは具体的にどういうことですか？

「元気だということかな」

——元気というのは具体的には？

「前向きかな？」

これでは、同じチャンクが横滑りしているだけです。明るい、元気、前向き、よく使われる言葉ですが、抽象のレベルはどれも同じです。明るいというのは具体的にどういうことかを示してくれない限り、その意図がわからないのです。

コーチは、ビッグチャンク、ミドルチャンク、スモールチャンクを関連づけ、どのチャンクにでも移動させていけるようにならなければいけません。チャンクを上げたり下げたりする質問をするだけでも、コーチングをずっと続けられるほどです。

そして、そのプロセスをともにすることによって、相手は動きやすくなるのです。

チャンクのレベルを移動する

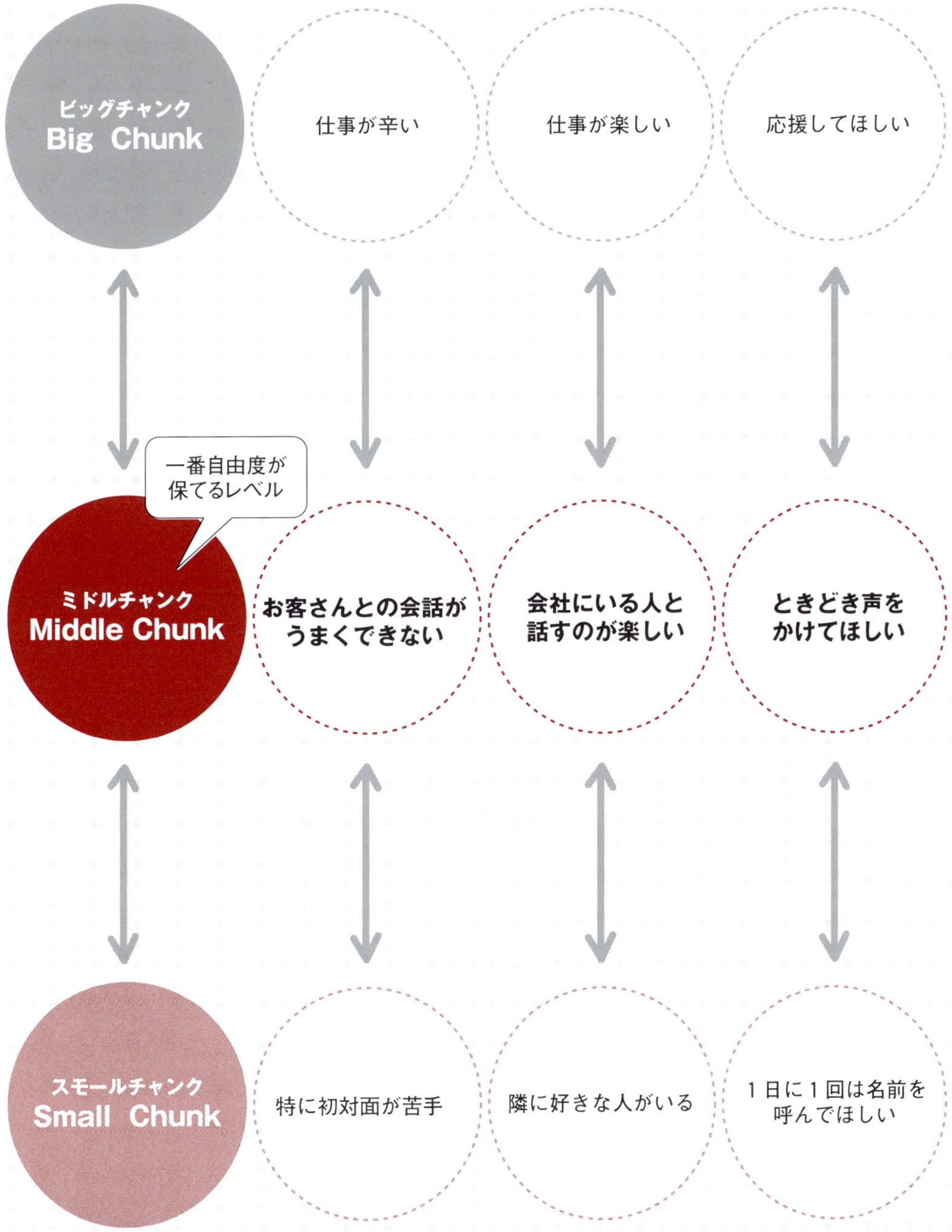
ビッグチャンク
Big Chunk
仕事が辛い
仕事が楽しい
応援してほしい
一番自由度が
保てるレベル
ミドルチャンク
Middle Chunk
お客さんとの会話が
うまくできない
会社にいる人と
話すのが楽しい
ときどき声を
かけてほしい
スモールチャンク
Small Chunk
特に初対面が苦手
隣に好きな人がいる
1日に1回は名前を
呼んでほしい

コーチの質問の三つの目的

①選択の幅を広げるため
②リソースを見つけるため
③ビジュアル化するため

＊

＊自発的な選択を促すこと

クローズド・クエスチョンである「ＹＥＳかＮＯか」は、選択ではなく脅迫です。選択とは、三つ以上の選択肢が用意されて、はじめて成り立ちます。コーチは必ず、三つ以上の選択肢を見つけ出し、自発的に選択できる状態をセットしなければなりません。

たとえ、これまでと同じアイディアややり方を選んだとしても、多くの選択肢の中から選んでいるという確かさが自信につながります。

＊リソースを見つける

ところで、使える資質やアイディアは、クライアントの内側にあるものです。このように、その人の内側にある資源を「リソース」と呼びます。クライアントが必要なリソースを自分の中から見つけ、目標を達成するためには、次のような質問が効果的です。

「一番最近、目標を達成したのはいつですか？」「目標を達成するために、どんな準備をしましたか？」「それを実現するために一番大切なものは何だと思いましたか？」「失敗や挫折をどうやって乗り越えましたか？」

何をなすべきかは、本人が一番よく知っています。それに目を向ける機会がなかったり、それに気づいていないために、自分のリソースが使えない場合が多いのです。外側から無理に何かを付加するのではなく、これまでの経験や知識を使えるものにするための質問をつくり出すのがコーチの仕事です。

また、リソースは成功体験だけにあるのではありません。失敗した経験の中からも見つけ出すことができます。

＊ビジュアライズする

クライアントの中にビジュアルなイメージをつくり出すために、コーチは次のような質問をします。「場所は」「色は」「味は」「匂いは」「誰と」……。このように、細部まではっきりするように質問することで、ビジョンはより鮮明になっていきます。

ビジュアライズすることは、クリエイティブな発想を刺激するだけでなく、記憶力や行動力を強化します。一枚の絵は、一〇〇〇語の言葉に値します。

たとえば、「明日から六時に起きる」という目標を立てたとします。でも、これでは情報量が少なすぎます。人が動くためには、まず「情報量」が必要です。そのためにはテキスト（文字）情報ではなく、より情報量の多い画像情報を使ったほうが効果的です。

明日の朝食を用意しておく、明日着る洋服をハンガーにかけておく、靴も前夜のうちに磨いておく……。これらはすべて、ビジュアライズされた情報であり、具体的な行動を表す言葉といえます。

コーチは選択の幅を広げて質問する

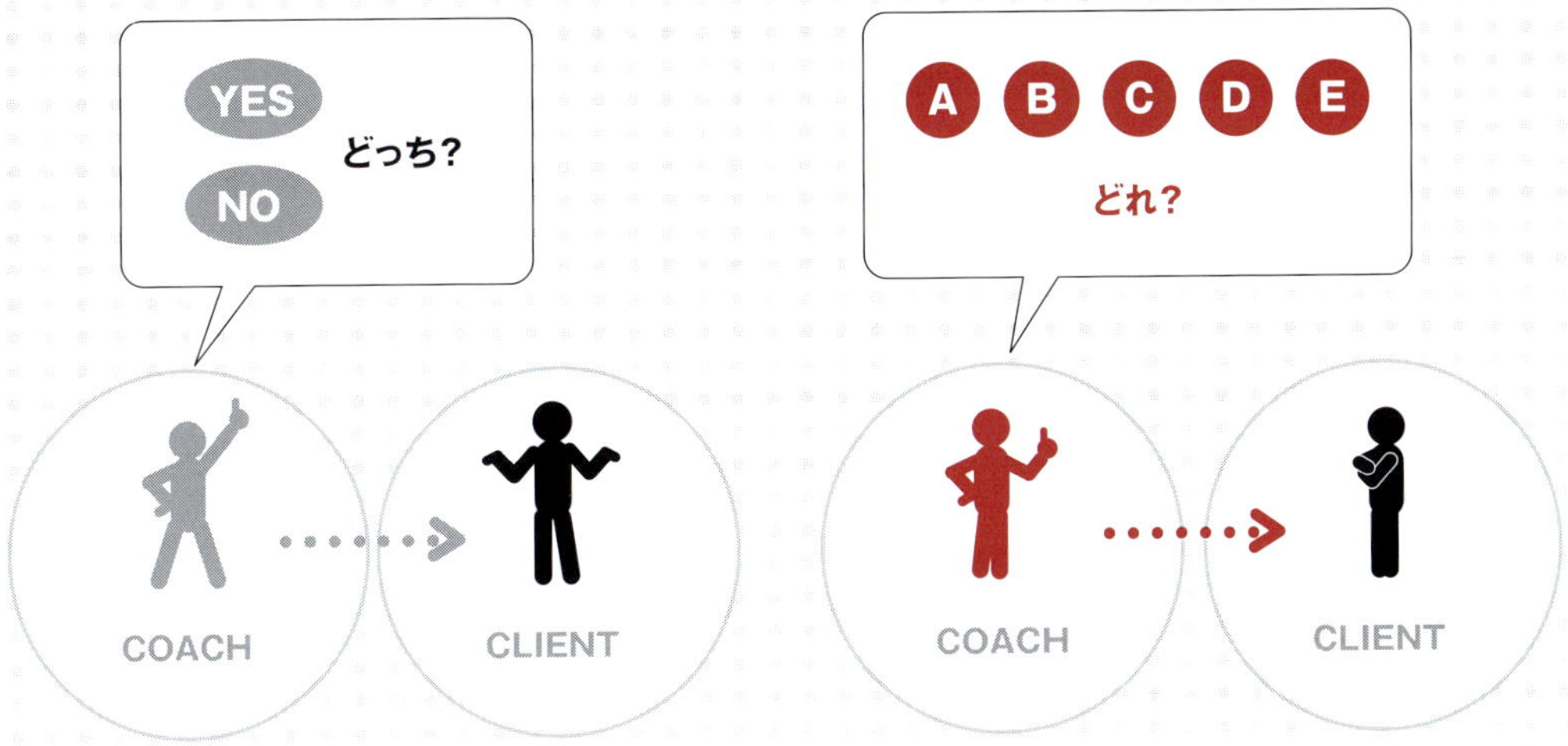
YES
NO
どっち?
COACH
CLIENT
A B C D E
どれ?
COACH
CLIENT

コーチはビジュアライズするための質問をする

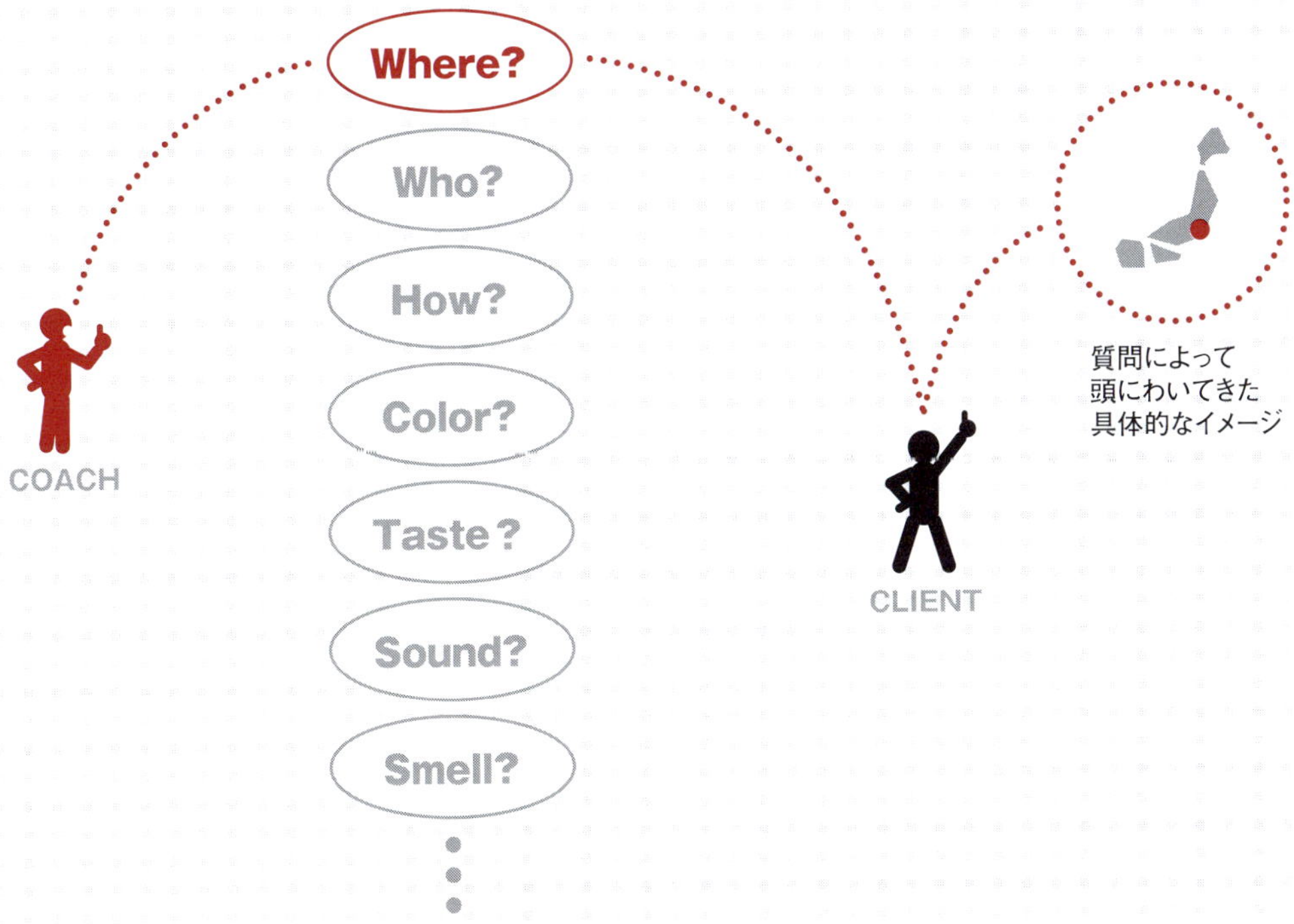
Where?
Who?
How?
Color?
Taste?
Sound?
Smell?
COACH
CLIENT
質問によって
頭にわいてきた
具体的なイメージ

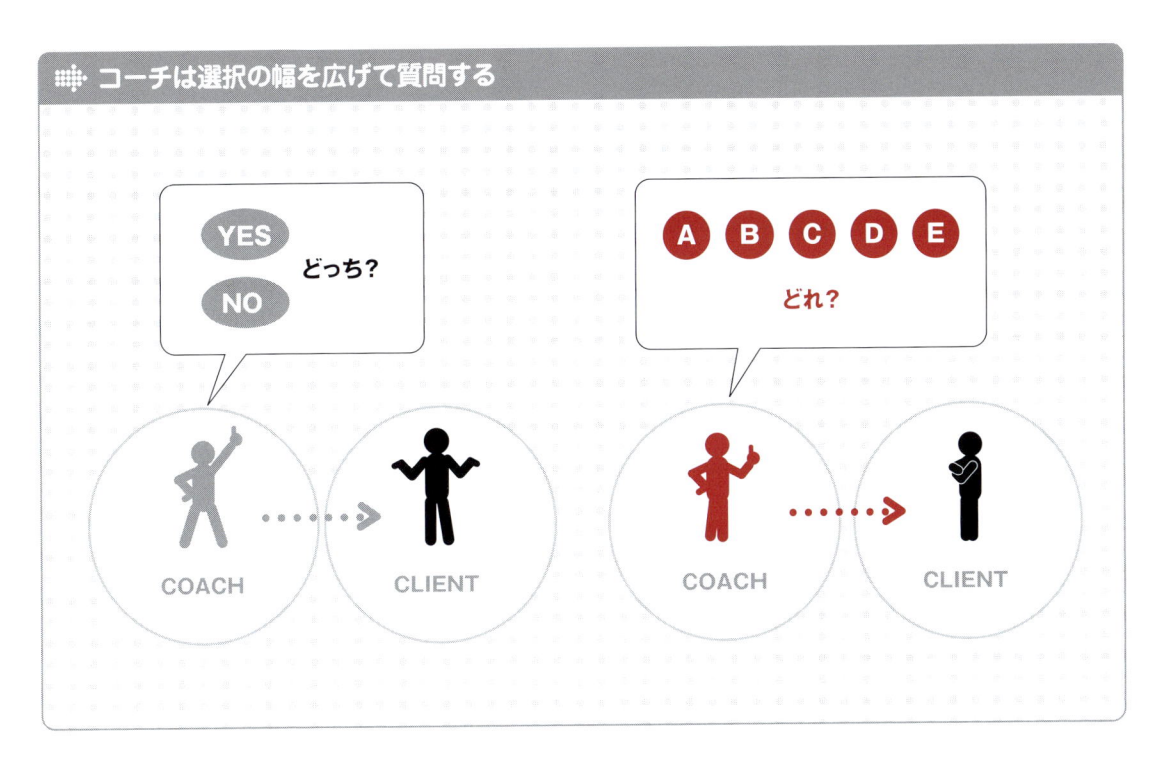

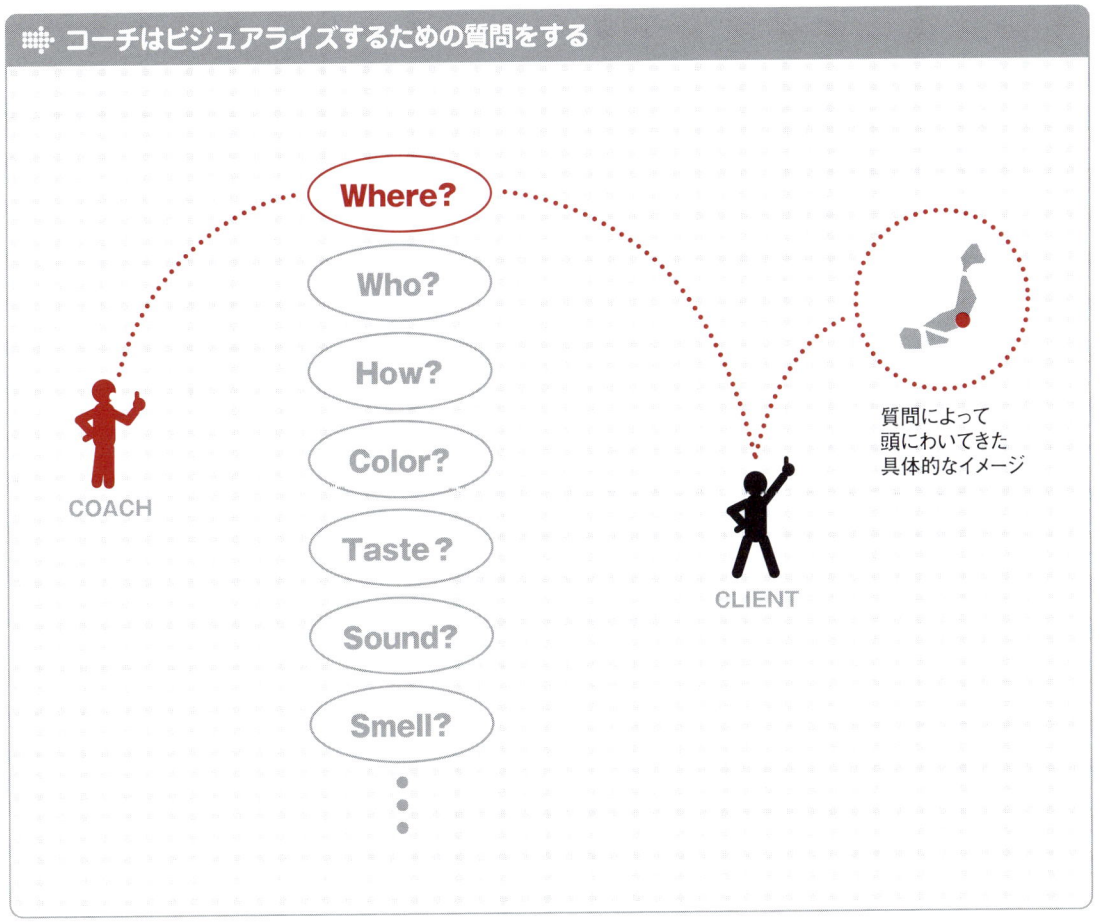

SECTION 16

人は相手に受け入れられて、はじめて行動を起こせる

＊

アクナレッジメントと誉めることとは異なる

——＊相手より早く気づいて伝える

アクナレッジメント（認めること、相手を受け入れる具体的行為）は、相手の到達点をそのまま口にすることによって、相手が達成感を持つように導く行為です。たとえば、「最後までやったね」とか「はじめて目標を達成したね」といった表現です。

アクナレッジメントは、賞賛とは違います。賞賛は、他人についてのあなたの評価ですから、素直に受け取られるとは限りません。しかしアクナレッジメントは、「ここまで来たね」という到達点を事実として伝えるにとどまる分、相手にとっては「よくやったね」という評価を含む言葉よりも受け取りやすいものになります。

アクナレッジメントする際により望ましいのは、相手自身が気づいていないことを先に察知して、それを伝えることです。これは、より高い効果をもたらします。

人は自分が行ったことを通して、自分自身が成長し、変化していることを知ります。そして、その事実に喜びを覚え、達成感を抱きます。この自己成長感は、やる気や自発性を強く促すエネルギー源となり、人を結果重視型からプロセス志向型に移行させます。そして、仕事そのものを楽しめるようになります。

自己成長に対する認知を援助するものとして、アクナレッジメントはコーチングスキルの中でも重要な柱になります。

——＊三つの立場

相手について伝える場合、三つの立場があります。

●ＹＯＵの立場

「あなたは、○○だね」

これは、私たちが日常何気なく口にしている言い方ですが、要するに、あなたの視点から相手を評価しているわけですから、とどのつまりは「そういう君を認めている私は君より偉い」というニュアンスが含まれます。ふつう、目上の人には用いない表現です。

●Ｉの立場

「あなたが○○したことは、私にこんな影響を与えている」

たとえば、「部長のあのひとことで、私はとても励まされました」という表現です。

これは、「ＹＯＵの立場」と違い、自分にとっての事実をそのまま伝えているため、受け取る側の抵抗は最小限になります。目上の人に対しても失礼のない言い方です。

●ＷＥの立場

「あなたが○○したことは、私たちにこんな影響を与えている」

たとえば、「君が今言ってくれたことで、僕たちの雰囲気が変わったね。ありがとう」といった表現で、相手との距離をぐっと近いものにする、非常に高度なアクナレッジメントの方法です。

相手について伝える場合の3つの立場

Youの立場
「あなたは○○だね」
すこしムッとする
Iの立場
「あなたが○○したことは、私にこんな影響を与えている」
抵抗なく受け入れられる
Weの立場
「あなたが○○したことは、私たちにこんな影響を与えている」
相手に近づいていける

SECTION 17

コミュニケーションはキャッチボール

＊

コミュニケーションは、「受け入れ」によって完了する

＊完了させることの重要性

コーチは、コミュニケーションをコントロールします。コミュニケーションのコントロールとは、コミュニケーションを「始めることができる」「変えることができる」「完了させることができる」ということです。

コミュニケーションというものは、いったん始めたら完了させなければなりません。完了させることができないと、どちらかが悔いを残したり、不快感をひきずってしまうことになるからです。

コミュニケーションは、まさにキャッチボールです。

Aがボールを投げる。Bがそのボールを受ける。そしてBは、そのボールをAに返す。

これでひとつのコミュニケーションが完了したことになります。

Aがボールを投げても、誰もそれを受け取らなければ、Aの中には不全感、未完了感が残ります。受け取ったBがそのボールを返さないで、どこかへ投げてしまったり、抱えたままにしておいても、やはりAに未完了感が残ります。

受け取ったボールは、最初の発信者であるAに返されなければなりません。ボールがAに返ると、AとBは晴れやかな感じを体験します。これでコミュニケーションがひとつ完了します。

＊相手を受け入れる会話

A「今日は寒いですね」
B「ええ、今日は寒いですね」
これで完了です。ところが、
A「今日は寒いですね」
B「それほどでもないよ。僕は
　北海道の生まれだからね」
これでは未完了です。

Bにとっては寒くないのでしょうが、Aは寒いのです。Aが寒いと思ったら、誰が何と言っても寒いのです。その思いをBは最初に受け入れるべきなのです。「寒いですね」と言われたら、「寒いですね」と返します。「Aさんは、寒いと感じているんですね」というのが表現としては正確ですが、ふつうこういう話し方はしませんから、「寒いですね」という表現でいいのです。

受け入れられると、完了感が生じます。何かひとつ完了すると「晴れやかで、すがすがしい感じ」になり、それが行動を起こす原動力になります。

反対に、行動が起こせない理由のひとつに未完了感があります。未完了感が強いと思ったら、気にかけている未完了な事柄を完了させることです。そして、今の会話の一つひとつを完了させていきます。いつでも完了させる能力を持つ人だけが相手に自由に話す機会を提供できます。

コミュニケーションは完了してはじめて成立するもの

よいコミュニケーションは相手を受け入れることで完了する

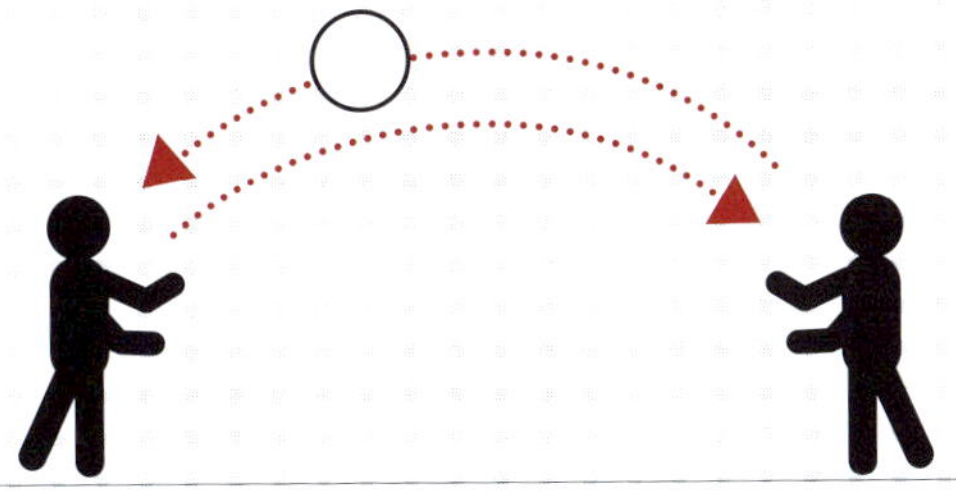

まったく同じボールを、相手が受け取りやすい放物線で返す

不全感、未完了感の残るコミュニケーション

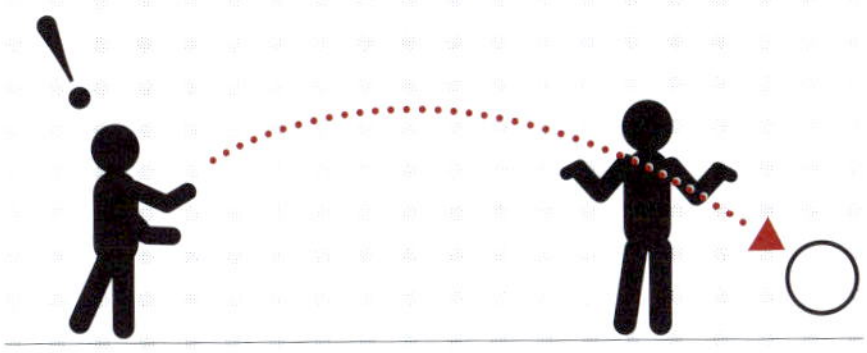

無視する

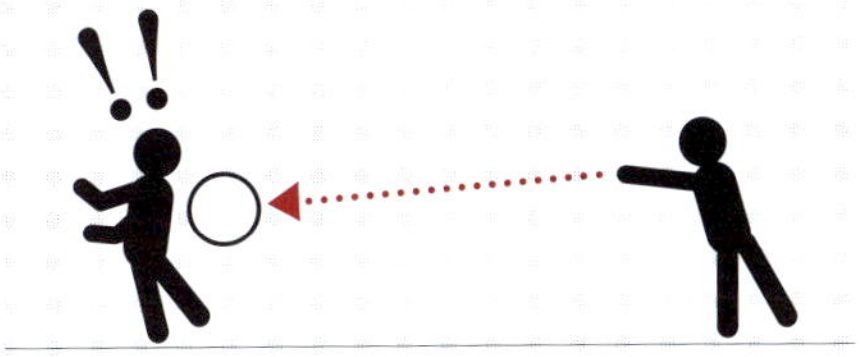

強いボールをぶつける

見もしないで投げ捨てる

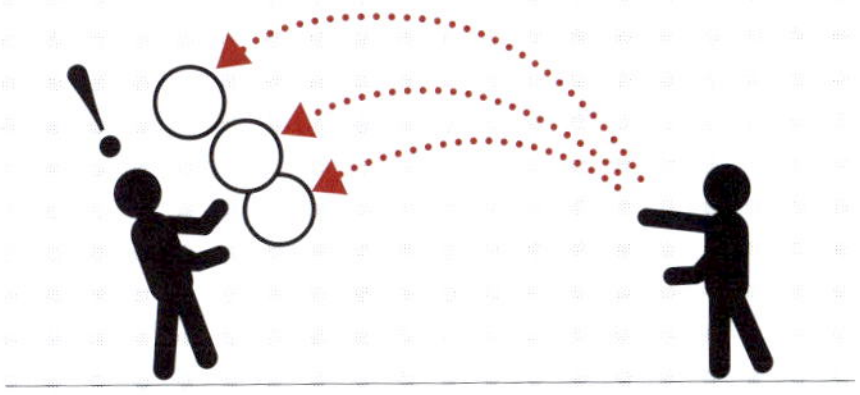

同時に複数のボールを投げてくる

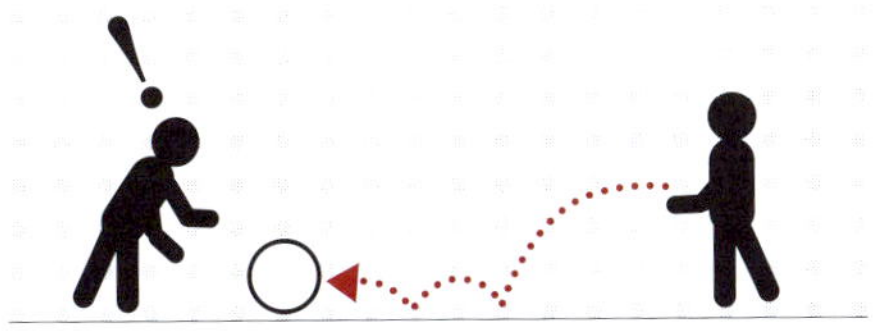

届かないボールを投げてくる

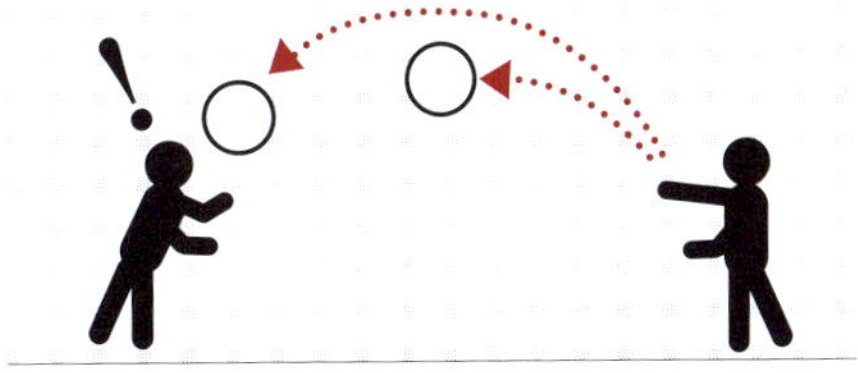

受け取る前に次々にボールを投げてくる

SECTION 18

セカンドシグナルが行動を導く

指示と同時に、相手を大切に思っているということを伝える

*

*アナジーとは

細胞にコミュニケートするとき、たったひとつの情報だけを与えると細胞は「アナジー」という状態（一時的な反応不能状態）に陥ります。簡単にいえば動けなくなる状態です。

同じことが私たちのコミュニケーションにもあてはまります。つまり、いつも同じように「勉強しなさい」とか「頑張れ」とばかり言われていると、アナジーの状態になってしまうということです。

細胞は、情報がひとつだけだと動きません。おそらく、たったひとつの情報では判断できないのだと思います。実は細胞には、主なリセプター（36ページ参照）のほかにもうひとつ、補助的な受容器であるコーリセプターが存在しますし、ひとつの情報にプラスして「セカンドシグナル」が、もうひとつのリセプターであるコーリセプターに向けて発信されます。それによって細胞は判断し、行動を起こします。

これは、私たちも同様です。

*セカンドシグナルでやる気に

ですから、相手の行動を呼び起こすためには、次のような形で情報を伝達する必要があります。

「勉強しろ」

そして、セカンドシグナル「僕は君の味方だ」

「頑張れ」

そして、セカンドシグナル「君は僕たちの仲間だ」

セカンドシグナルを送ることなく、言葉だけが無機質に運ばれるだけでは、相手の行動を引き起こすことはできません。

*ふだんから送っておく

細胞は、「自分である」「自分ではない」などの判断基準を持っています。このことは、細胞が集合してひとりの人間となっても、あまり変わらないかもしれません。

猿の「毛づくろい」は、彼らの世界では重要なコミュニケーションといえます。そして、人間もコミュニケーションの前提として、

- ●声をかけること
- ●名前を呼ぶこと
- ●ノンバーバルに（言葉以外の振る舞いで）好意を示すこと
- ●アクナレッジすること
- ●心から接していること

などをふだんから行っている必要があります。

人はひとつの情報だけでは動かない

「勉強しろ！」
「頑張れ！」
down
「勉強しろ！」
「頑張れ！」
Second Signal
「僕は君の味方だ」
「君は僕たちの仲間だ」
up
コミュニケーションの前提
□ 声をかける
□ 名前を呼ぶ
□ 好意を示す
□ アクナレッジする
□ 心から接する

SECTION19

フューチャーペーシングによって、もっと先の未来を描き出す

＊

ゴールのその先を
ビジュアライズする

——＊人生をデザインする

プロ野球選手のコーチになりたいという人が言っていました。

「自分がプロ野球選手のコーチをするとしたら、まず最初に野球をやめた後、何をするかについてコーチしたいですね。彼らは一人ひとりが事業主です。野球に専念するためにも、人生全体がデザインできるようにコーチしたいのです」

　この言葉が、ゴールセッティングにおける重要なことのすべて、つまり、人はどんなときにゴールに向けて動き出せるのか、どんな状況で目標を達成しうるのか、を物語っていると思います。

——＊ゴールは通過点だ

　目隠しをしての一〇〇メートルの全力疾走を試したことがあります。もちろん、ゴールが見えないので、ゴール付近には手をたたいている人がいます。目隠しをして走るのは怖いことに違いありませんが、不思議なのは、そこまでどんなに速く走ってきた人でも、手の鳴るゴールの直前にくると足踏みを始めてしまうということです。

　その理由はいくつか考えられます。ひとつは、ゴールまでは予測がついているのだけれど、そこから先の地面の状態や障害物の有無に対して不安があって、前に進めなくなってしまうということです。

　また、ゴールに対する条件反射もあるように思います。つまり、実際のレースでは、ゴールは走り抜けるものとしてセッティングされているにもかかわらず、ゴールは「行き止まり」と無意識に思ってしまうということです。

——＊ゴールの先を見据える

　ビジネスでも同様です。ゴールは通過点にすぎません。したがって、コーチはゴールのその次をビジュアライズさせなければなりません。その「次の次」を見せるのです。これをフューチャーペーシングといいます。フューチャーペーシングによって、クライアントに自分の可能性を自覚させ、トータルに成功できるように導くことができます。

「それを達成したら、次には何をやりますか？」

「お金以外に、仕事からどんなものを得ていますか？」

「一〇〇年ぐらい経ったところから、現在の姿を見たらどうでしょうか？」

　行動を起こすためには、見通しのよさが必要です。言い換えれば、クライアントが未来に向けてどんな物語を用意するのか、どんな価値を優先するのか、未来をどのように予測するのかといった「戦略」を持つことが求められるのです。

ゴールは通過点にすぎない

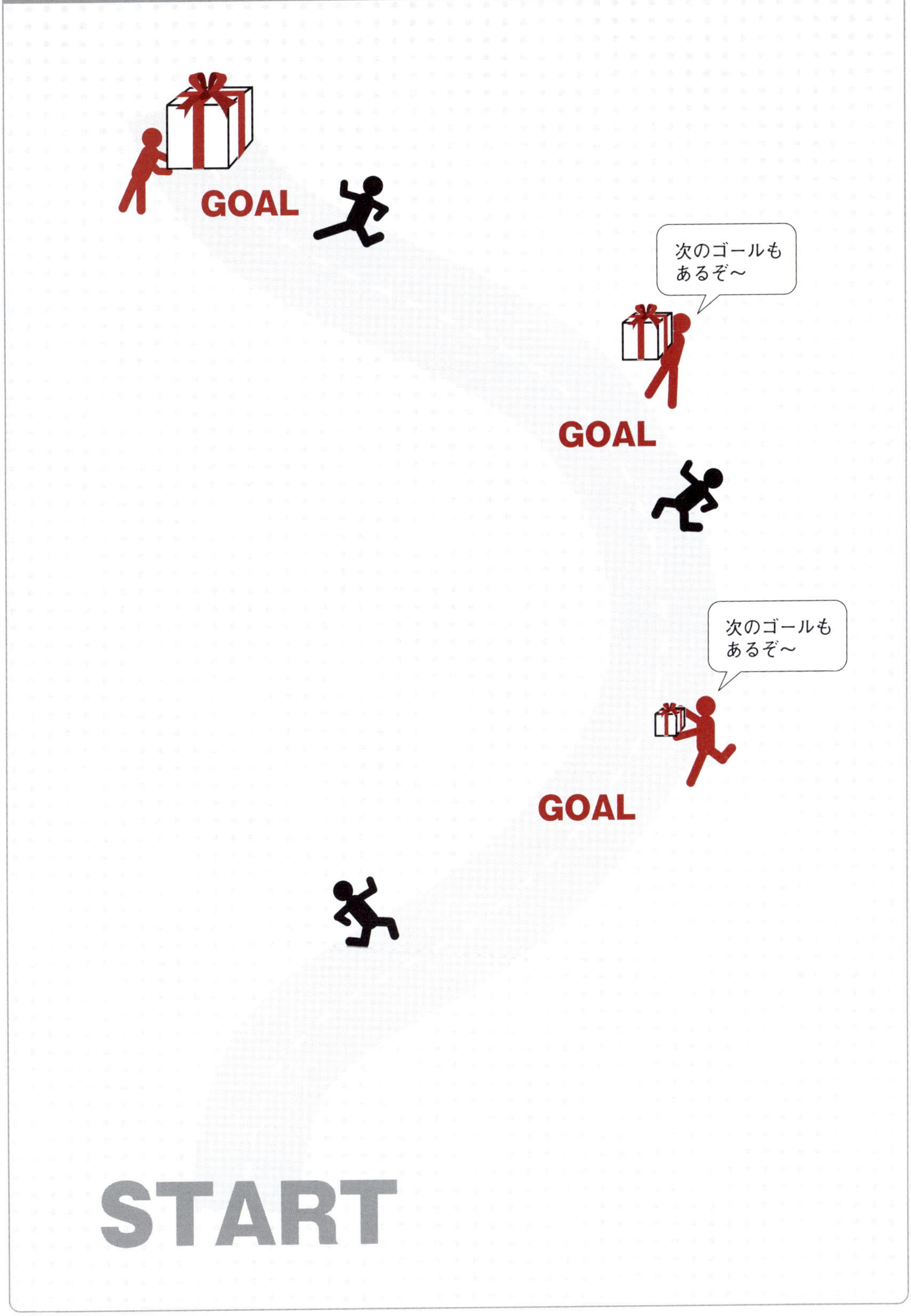
GOAL
次のゴールも
あるぞ〜
GOAL
次のゴールも
あるぞ〜
GOAL
START

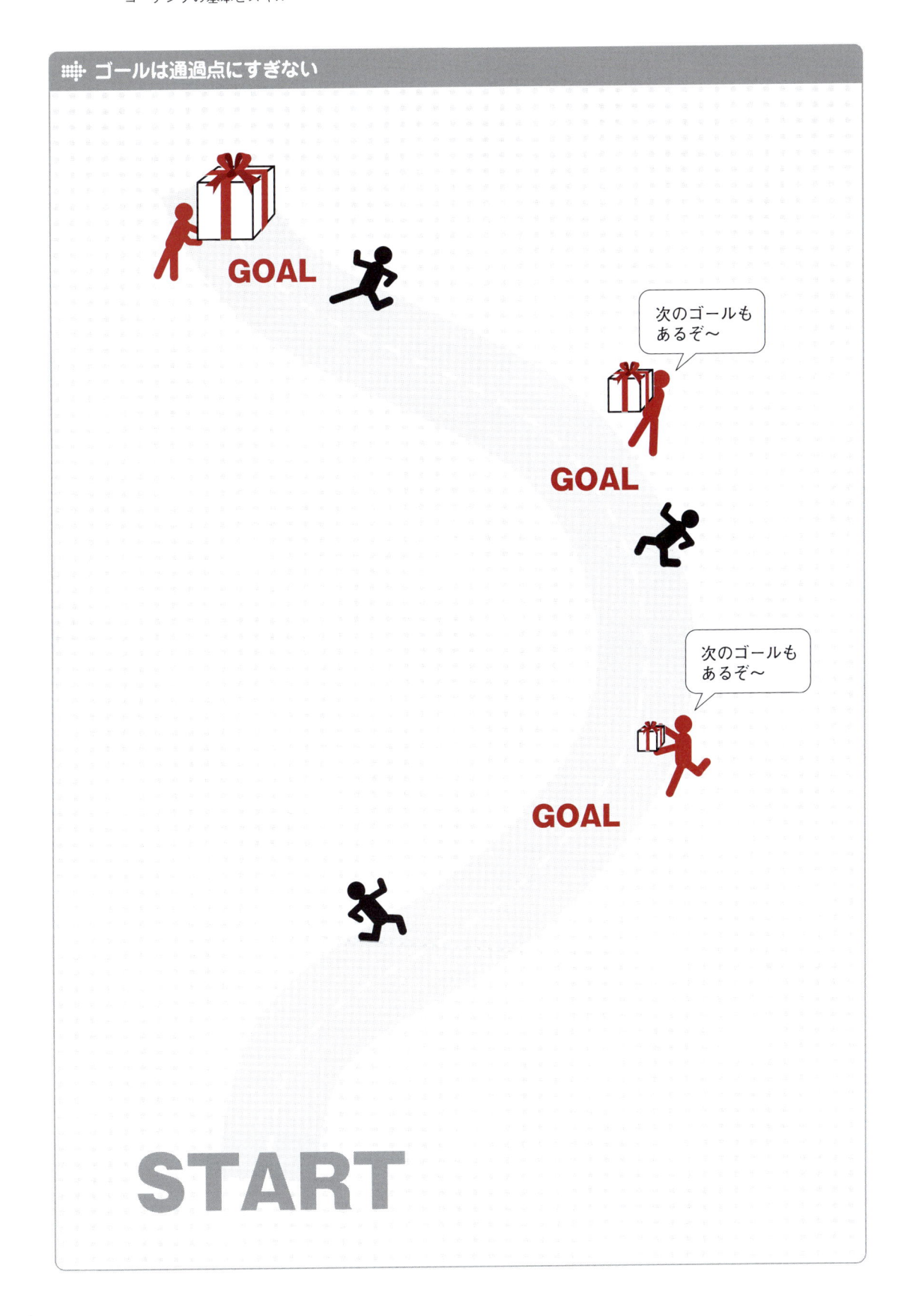

未来を予測し、行動を起こすための目標達成プログラム

＊

ゴールとそれに至る道程をくっきりとビジュアライズしていく

——＊見えないものをイメージする

目標を立て、行動を起こすということは、未来を予測して、まだ現実には見たことも聞いたこともない茫漠としたものを目指して行動を起こすということです。見えている「もの」を取りにいくのとは根本的に異なります。

したがって、より具体的で鮮明に目標をイメージできるようになることが大切です。見ることができ、聞くことができ、手に取ることができるくらい、目標を具体的にしていく必要があります。

目標を設定する際には、次のような最低三つの角度から検証します。

❶外部基準をはっきりさせ、数値で表すことができ、客観性があるか

❷目標に向かう過程で何を学ぶことができるか

❸目標に向かう過程でどんな体験をするか

重要なのは、クライアントに対する質問です。

「これを行うことで、ほかにどんな付加価値が得られますか？」

「具体的に何を学び、どんな体験ができるでしょうか？」

目標をより具体的でビジュアルなものにできれば、行動を起こしやすくなります。しかしその目標は、もともと見えていたものではありませんから、はっきりとイメージできるまで、自分の内側でゴールのイメージを繰り返し思い浮かべる必要があります。途中でぼやけてしまうことがあるので、ときどき目標を具体的にする作業も必要なのです。

このため、行動が起こせなくなったり動きが緩慢になったときなどは、コーチはクライアントの中で目標のイメージが具体的であるかどうかを確認していきます。

——＊アイディアを引き出す

行動プランを練るプロセスでは、目標を達成するためにできることと、その可能性についてブレーンストーミングを起こします。ひとつのアイディアを具体的な形にするために、コーチはクライアントからアイディアを引き出していきます。

「どんなことをしたい？」

「あなたができることは？」

「以前はどのようにした？」

「君の尊敬するビジネスマンならどうすると思う？」

「一番まずいやり方は？」

「誰かアイディアを持っている人を知っている？」

アイディアを発展させるアイディアを生み出すことで、行動が起こり始めます。

行動プランを練りながら心にビジョンが描かれていく過程は、実にエキサイティングです。まだ見ぬ世界を心に描き、その道程をビジュアライズし、それを地図にして、行動を起こすのですから。

目標に向かう行動を起こすために

TARGET
目標
Check
検証
□ 数値で表せる客観性があるか
□ 何を学べるか
□ どんな体験をするか
具体化・ビジュアル化
Action
行動
Question
質問
Idea
アイディア
Brain Storming
ブレーンストーミング
COACH
CLIENT

SECTION21

うまくいくためのソフトモデルを持つ

＊

自分のモデルとソフトモデルについて知る

＊何をモデルにしているか

意識しているかどうかにかかわらず、私たちには自分のモデルになる人がいます。そしてその影響を受けています。コーチングでは、誰かをモデルにするというこの習性を、より積極的に目標達成のために用います。そのつど言葉で習うより、外見や形態をまねるほうが、短時間に多くの情報を吸収することができるからです。

ただし、無意識にモデルをコピーしていると、よい影響だけでなく悪い影響を受ける可能性もあります。このためコーチングの場では、誰のどの部分をモデルにしているかをはっきりさせてからコピーします。たとえば、コーチはこんな質問をします。

「仕事の仕方でモデルにしている人はいますか？」「今まねするとしたら、どの部分ですか？」

＊ソフトモデルとは

また、私たちは行動を起こすとき、必ず頭の中に、あるビジョンを持ったり、言葉を思い浮かべたりしています。この内面で起こっている一連の心の働きのことを、コーチングでは「ソフトモデル」といいます。

うまくいっている人は、うまくいくためのソフトモデルを持っています。うまくいかない人は、知らない間にうまくいかないソフトモデルを抱え込んでいます。

たとえばプロ野球のコーチたちは、現役時代にそれなりの成績を上げています。しかしどのように技術を身につけたのか、そのプロセスに自分でも気づいていなかったり、打席やマウンドに立ったときのイメージを忘れてしまったり、それを言葉にして説明できない場合もあります。それが、名選手必ずしも名コーチならずの理由なのですが、これは、企業のマネージャーにもあてはまります。優秀な営業マンが優秀な営業部長になれるとは限りません。

現役時代、素晴らしい成績をあげていた人でも、当時の状況やイメージを言葉にできないとしたら、優秀な部下を育てることは難しいでしょう。また、部下を育成するだけでなく、自分自身が確実に成功を繰り返していくためにも、うまくいくためのソフトモデルを知っておく必要があります。

＊対応策はひとつではない

うまくいかせるためのソフトモデルは誰もが持っています。自分がどのようなソフトモデルを持っているかを一度認識できさえすれば、それらを変更していくことは難しいことではありません。

やがて、苦手な人、仕事上の障害に対して、受け身ではなく、積極的な戦略を持つことができるようになります。戦略が持てるようになると、対応策はひとつではないことに気づきます。選択の余地があることに気がつくのです。

自分のソフトモデルを知ると….

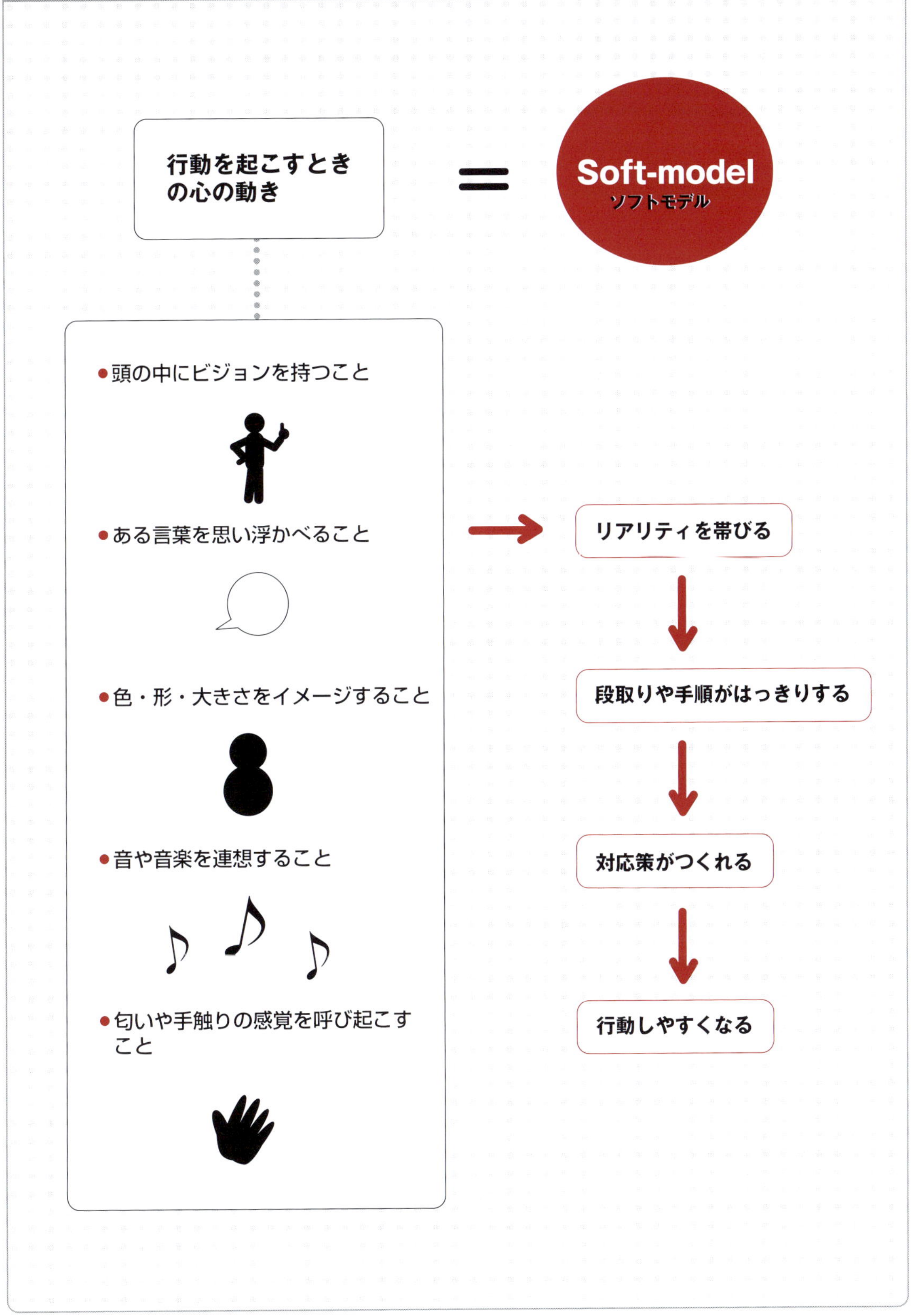
行動を起こすときの心の動き
＝
Soft-model
ソフトモデル
●頭の中にビジョンを持つこと
●ある言葉を思い浮かべること
●色・形・大きさをイメージすること
●音や音楽を連想すること
●匂いや手触りの感覚を呼び起こすこと
リアリティを帯びる
段取りや手順がはっきりする
対応策がつくれる
行動しやすくなる

エコロジカルチェックを行い、考え、感情、意図、行動のバランスをとる

＊

変化によって手にする利益と生じる歪みのバランスをとる

——＊変化に伴うリスク

よい悪いにかかわらず、「変わる」ことには見えないリスクがあります。たとえそれが、自ら望んだメリットのあることであったとしても、リスクがあることに変わりはありません。目標に向かって行動プランを実行していくということは、これまでとは違った方法を試みるということです。当然、それは大きな「変化」です。

人は、あることを経験しながら、内面ではそれに対する「考え」「感情」「意図」を介して評価しています。したがって、頭でこの変化は「よかった」と考えても、感情や意図がそれに一致しないことが多々あります。

「頭ではわかっているんだけどしっくりしない」

「何か違和感がある」

「最初はいいと思ったけど、今はちょっと」

エコロジカルチェックというのは、考え、感情、意図、行動の状態をチェックすることです。それらに対し、さまざまな視点から質問をしていくことによって、変化によって生じる歪みを見つけ出し、変化によって手にする利益と、生じる歪みというコストのバランスをとることを目的としています。

エコロジカルチェックがなされないままに変化してしまったり、変化した後にエコロジカルチェックがなされないと、感情や行動などに不自然さが現れるようになります。

——＊自己認識を高めるために

ある意味で、コーチやマネージャーの仕事は、部下に対する定期的なエコロジカルチェックであるともいえます。「考え、感情、意図、行動」の面から、たとえば次のように質問します。

「今していることは、する前に考えていたことと一致していますか？」

「やり方を変えて、気分はどうですか？」

「思ったような成果が上がっていますか？」

「ストレスはどうですか？」

「何か違和感はありませんか？」

「体の変化はどうですか？」

「生活のバランスはとれていますか？」

新入社員、中途採用の社員に対しては、特にエコロジカルチェックが必要です。部署や担当が替わったり、昇進した後も同様です。

エコロジカルチェックを受けることで、部下やクライアントは、自分に注意を向ける機会を得ます。それが自己認識を高めることにつながるのです。

エコロジカルチェックとは

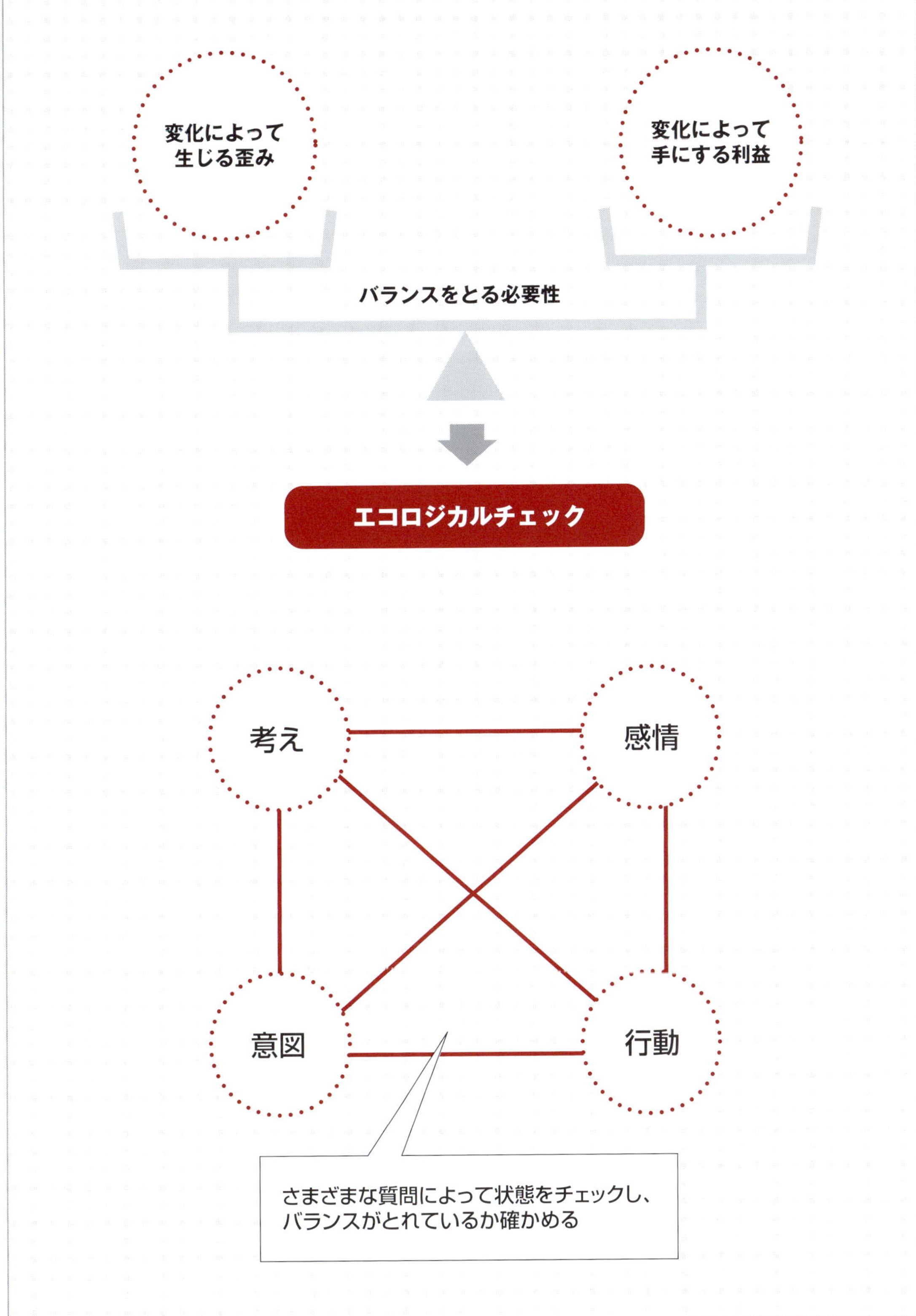
変化によって生じる歪み
変化によって手にする利益
バランスをとる必要性
エコロジカルチェック
考え
感情
意図
行動
さまざまな質問によって状態をチェックし、
バランスがとれているか確かめる

どうしても苦手な部下が
ひとりいるんだよね
イライラする
苦手な部下がひとり？
俺は全部だ！

PART 3

THE PERSONAL OPERATION SYSTEM
個人のＯＳを変革する

人間の持つ基本的な属性や思考・行動パターンには、変えられるものと、変えられないもの、あるいは変える必要のないものがあります。

変える必要のないものとして挙げられるのは、性格、価値観、タイプ、ハイパフォーマンス・パターンなどです。一方、バージョンアップできるものには、「ものの見方」「もののとらえ方」があります。これらを、コンピュータのＯＳになぞらえて、ここではＰＯＳ（パーソナルＯＳ）と呼びます。

私たちの物事のとらえ方や見方は、概ね二つに分けられます。肯定的な見方と否定的な見方です。当然のことですが、肯定的な見方をする傾向が強ければ、その影響を受けますし、たとえ相手が好意的であったとしても、それを否定的だととらえれば、その影響を受けることになるでしょう。

コーチは、今起こっている問題や目標に向けてのコーチング・フローを展開しますが、それと併行して、クライアントや部下に新しいＰＯＳの可能性を提案していく必要もあるのです。

では、どうしたら、ＰＯＳをバージョンアップさせていくことができるのでしょうか。それは、従来のＰＯＳに新しいものの考え方のスタンダード（基準）を加えることです。

ＰＡＲＴ３では、この新しいＰＯＳを手にするための方法を紹介しましょう。

コーチは「パーソナルOS」をバージョンアップする

＊

人間が個々に持っているスタンダード（基準）の幅を広げる

＊人間にもOSがある

本来、コーチングというものは、コーチング・フローにしたがって現状と理想のギャップを明らかにし、そのギャップを埋めるための行動プランを立てて実行する、という極めてシンプルなものです。ところが、実際はそうシンプルではありません。そんなに簡単なら、とっくの昔に「わかっていることを行動に移している」はずです。

なぜそうできないかというと、もともと私たちの頭のプログラムが頭でわかったからといって、すぐさま行動に移したりしないようにできているからです。

それによってこれまでのプログラムが使えなくなったり混乱してしまうのは、あまりにも危険だからです。

ここでは、人間のプログラムのことをPOS（パーソナルOS）と呼ぶことにします。OSというのは、ウィンドウズXPやマックOSXなどのコンピュータのOSと同じ意味あいで、人間のPOSは「性格やタイプ、物事のとらえ方や見方」を意味します。

同じウインドウズマシンでも、OSのバージョンが古いと、最新のアプリケーションソフトをインストールすることはできません。同様に、古いバージョンのPOSには、新しい情報はのりません。新しいスキルも使えません。

このため、目標に向けて新しい行動を起こしていくためのコーチングでは、同時並行でパーソナルOSのバージョンアップのためのコーチングが行われる必要があります。

＊変化に対応するために

私たちが「現実」といっているものは、事実とそのとらえ方によって成り立っていますが、とらえ方によって私たちが個々に受ける影響はずいぶん異なります。どんなとらえ方にも意味と価値がありますが、偏ったとらえ方の影響を受け続けるのではなく、別のとらえ方もできるPOSにバージョンアップしていったほうが機能的です。

POSは、さまざまなスタンダード（基準）によって成り立ち、それが私たちの物事のとらえ方や見方を決定しています。私たちは、自分でもそれと気づかぬままに、さまざまな基準を持ち、それにしたがって物事をとらえ解釈しているのです。確かにそれが役立つこともあったのでしょうが、基準が固定されていて動かせないと、変化する状況に適応しない判断をしてしまうことになります。

POSのバージョンアップとは、より柔軟で状況に対応できるスタンダードを持つことを意味します。それによって、物事のとらえ方や見方に幅を持たせます。これにより、行動に向けた選択肢が増えるのです。

POSのバージョンアップの方法

選択の幅を広げること
↓
自発的な行動を促す

古いPOS → **新しいPOS**

「やるか、やらないか」
「YESか、NOか」
→
3つ以上の選択肢
ABCD

自分の考え・相手の考え
＜1つの考え方へのこだわり＞
→
今、使える考え方
＜多くの人の考え方や経験の集結＞

相手を変えるか・自分が変わるか
＜対立の関係＞
→
相手も自分もうまくいく
＜Win-Winの関係＞

SECTION 2

新しいパーソナルOSのガイドライン①

自分の価値観をはっきりさせる

＊

他人の言動や状況に左右されずに自分の価値観を基準に判断する

——＊新しいPOSの基準

前項で述べたように、新しいPOSには、新しいスタンダードがあります。ここから五項目にわたって、新しいスタンダードを築く上で、欠かすことのできないルールについて述べていきます。

まず、最初のルールとして、他人の言動や状況に左右されずに、自分の価値を基準に判断し行動できることがあげられます。どんな価値に基準を置くべきかは、もちろん本人が決めることです。自分が何に価値を置いているかを、棚卸ししておくといいでしょう。左に掲げたリストのうち、大切にしたいものをピックアップしてみてください。

このリストからまず一〇個選び、少しずつ絞り込んでいきます。

このような価値観を選択するためのコーチングの場では、はじめの一〇個からさらに価値観を絞り込むために話し合い、そこから一～二週間、それが自分にフィットするかどうか試してみます。その後、もう一度話し合いをして、最終的に三つぐらいを選び出すというプロセスをたどります。

——＊自分が価値を置くものを知る

自分が価値を置いているものがはっきりすれば、多方面にわたってエネルギーを浪費することもなくなります。物事を選択する際のスピードも極めて速くなります。仕事をするとき、人間関係をつくるとき、すべてにわたって価値観にそって行動しているかどうかをチェックすることができます。いわば、会社におけるコアバリュー、あるいはミッションステートメントのようなものです。

誰かの価値観ではなく、自分の価値観というものがはっきりすると、それだけで自信につながるものです。どんなに大きな成果が上がったとしても、自分の価値観に合っていなければ、真の満足を得ることはできません。

また、コーチは価値観をはっきりさせるために、次のような質問をよくします。

「あなたは仕事に対して、お金以外に何を期待していますか？」

「お金以外に仕事から何を得ていますか？」

「仕事が面白いと感じるのはどんなときですか？」

チームで同じ仕事をしていたとしても、個人の価値観はそれぞれ違います。お互いの価値観を認識し、それを尊重する姿勢が、よいチームワークの基礎になります。

価値観を棚卸しするためのリスト

□ **挑戦する**→スリル・興奮・驚き

□ **美しいものを求める**→洗練されている・魅力的である・愛らしい・きれい

□ **影響する**→影響を与える・活力を与える・変化させる

□ **貢献する**→援助する・尽力する・与える・貢献する

□ **創造する**→発明する・独創的である・組み立てる・オリジナリティ

□ **発見する**→学ぶ・突きとめる・観察する・掘り下げる

□ **感じる**→いい感じを持つ・つながっている・感じる

□ **指導する**→支配する・奨励する・方向を示す・先頭に立つ

□ **習得する**→その分野を極める・卓越・抜きん出る・優秀

□ **楽しむ**→愉快になる・ゲームをする・遊ぶ・スポーツ・面白い・快楽

□ **関わる**→家族・親しい・友達・親密

□ **精神的**→すべてとつながっている・神聖な・静寂・精神性

□ **教える**→指導する・アドバイスする・引き出す

□ **勝つ**→成し遂げる・成功する・勝つ・一番

新しいパーソナルOSのガイドライン②③④
完了させる・役割と距離を保つ・「私たち」という視点

＊

未完了を完了させる
自分の役割と距離を保つ
「私たち」という視点を持つ

——＊完了させる必要性

引き続き、新しいPOSのガイドラインとして、ここでは三つの事柄について説明します。

まず、未完了を完了させるシステムを持つことです。

やろうと思っているのにやっていないこと、やめようと思っているのにやめていないことの数々は、不意に意識に上ってきて、注意とエネルギーを奪います。それらを完了させることが二番目のルールとなります。

未完了を定期的に完了させることで、目標へ向けてエネルギーを向けることができるようになります。同時に未完了に影響された物事の見方やとらえ方から離れて、別の視点を得ることができるようになります。

——＊自分の役割は自分ではない

次にあげられることは、自分自身と自分の役割との間に距離を保つことです。

たとえば、「会社員」というのは「役割」であって、「私」イコール「会社員」ではありません。「私」はその役割を選んでいるのであって、「私」はその役割そのものではありません。にもかかわらず、多くの場合、あまりにも自分の仕事、役割と一体化してしまっているために、仕事の出来不出来が、自分そのものの価値に影響を与えてしまっています。

仕事人間といわれる人たちは、確かにその役になりきることによって高いパフォーマンスを発揮している側面を持ちます。しかし、自分の役割と「距離」が持てないでいると、冷静な目で自分が選択した「役割」を評価することもできなくなってしまいます。常に、自分がその役割にどの程度エネルギーを注いでいるか、その費用対効果について判断できなければなりません。

同じことが、自分の感情や考え、欲求、行動にもあてはまります。感情と一体化してしまっている人は、感情の浮き沈みにコントロールされてしまいますが、距離が保てるようになると、物事の見方やとらえ方の幅が広がります。

——＊私たちという視点

この項で最後にとりあげるのは、「私たち」という視点で人と関わるということです。

コミュニケーションを交わすときの「意識」として、「私からあなたへ」ではなく、「私たちの一員から私たちの一員へ」というスタンスがあります。この立場をとるとコミュニケーションを交わす目的、自分の意見を述べる目的も、私個人の利益ではなく、「私たちの利益、私たちの成功」に向けられることになります。

「私たち」という視点は、不必要な摩擦を回避させ、このイメージを持つことで、物事の見方やとらえ方の幅が広がります。

未完了を完了させるためのチェックリスト

身のまわりの環境

- □ 個人的な書類やファイル、領収書などはみな整理されている
- □ 家の中はきちんと整理されていて、掃除もしてある
- □ ペン、手帳、名刺入れなどの身のまわりのものは整っている
- □ 服は整理されており、清潔で自分に似合っている
- □ 住所録は整理されている
- □ 預金通帳、印鑑、パスポート、証書などは、安全な場所に保管している

お金、仕事

- □ 現在少なくとも、収入の10％は貯金している
- □ 収入源は、現在そして将来にわたって安定している
- □ ６か月分の生活費が貯蓄されている
- □ 厚生年金、国民年金、失業保険、退職金積立がなされている
- □ 自分が１年間に支払っている税金の額がわかっている
- □ 法的なトラブルは一切抱えていない
- □ 自分に対する計画的な投資をしている

健　康

- □ 標準体重が維持されている
- □ 過去３年間で人間ドックを受けている
- □ 歯と歯茎の状態は健康である（過去６か月の間に歯医者に行っている）
- □ 自分のストレスレベルが高くなると現れる体と心のサインを知っている
- □ 緊張を解いたり、リラックスする方法を身につけている
- □ 休日は仕事から離れて、十分休息がとれている

人間関係

- □ 同僚とはうまくいっている
- □ 上司とはうまくいっている
- □ 自分にダメージを与えるような人間関係には決着をつけている
- □ 人の噂話はしない
- □ 自分に対して何をしてほしいかを人に伝えている。要望や要求が言える
- □ 手紙、電話をもらったら、必ず速やかに返事をしている
- □ 行き違いや誤解があるときは、すぐにそれを解消することができる

新しいパーソナルOSのガイドライン⑤
バイオリアクションから自由でいる

＊

**バイオリアクションに
コントロールされるのではなく、
コントロールしていく**

＊二極化のパターン

新しいPOSの五番目のガイドラインとして、「バイオリアクションから自由でいる」ということがあげられます。

一般に私たちは人と向き合うと、次のような二極化の罠にはまります。

どちらが上か下か？
勝ちか負けか？
正しいか間違っているか？

これに伴い心身にさまざまな反応が起こり、それをバイオリアクションまたはストレス反応といいます。

これは太古の時代の人類が獣に出会ったときに起こる反応とまったく同じで、「闘うか逃げるか」の反応とも呼ばれ、体内で交感神経を優位にし強力なストレスホルモンが分泌されるものです。一瞬にしてターボエンジンをフル回転させるようなものですから、当然激しく消耗します。さらに体だけでなく心にも影響します。

人と会話していれば、意見の食い違いや行き過ぎた言葉などはあるものですが、そのたびに、バイオリアクションを起こしてしまっているのでは、人間関係を築いたり、共感することはできません。

＊ストレスとは何か

バイオリアクションをコントロールするためには、まずは、その実態について知ることが必要です。

ストレスは、刺激から身を守るために私たちに生来備わった生理的な防御反応であって、よいものでも悪いものでもありません。生きている限り、始終起こっている反応なのです。問題になるのは、その程度が著しく高くなってしまったり、慢性的に高い状態が続いてしまうときです。

＊自分のストレスを理解する

私たちがふつう「ノルマがストレスになっている」などと言う場合の「ストレス」とは、そのストレスの反応を引き起こす刺激のことで、正しくはストレッサーといいます。締切、上司からの叱責、困難な課題、極端な暑さ寒さなど、さまざまなものがストレッサーとなって私たちのストレスのレベルを押し上げています。そして、ストレスのレベルは、物事の見方やとらえ方に影響します。

自分にとってどういうものがストレッサーとなっているのか、ストレスレベルが高いときにはどういうサインが現れるのかなど、自分自身のストレスを理解することで、現在の自分がどんな状態かを観察する視点を持てます。そしてそれをコントロールできるようになります。

バイオリアクションを理解しコントロールできるようになることで、相手を理解したり、協力関係を築くことができる、つまり物事に可能な範囲が広がるのです。

バイオリアクション＝ストレス反応とは

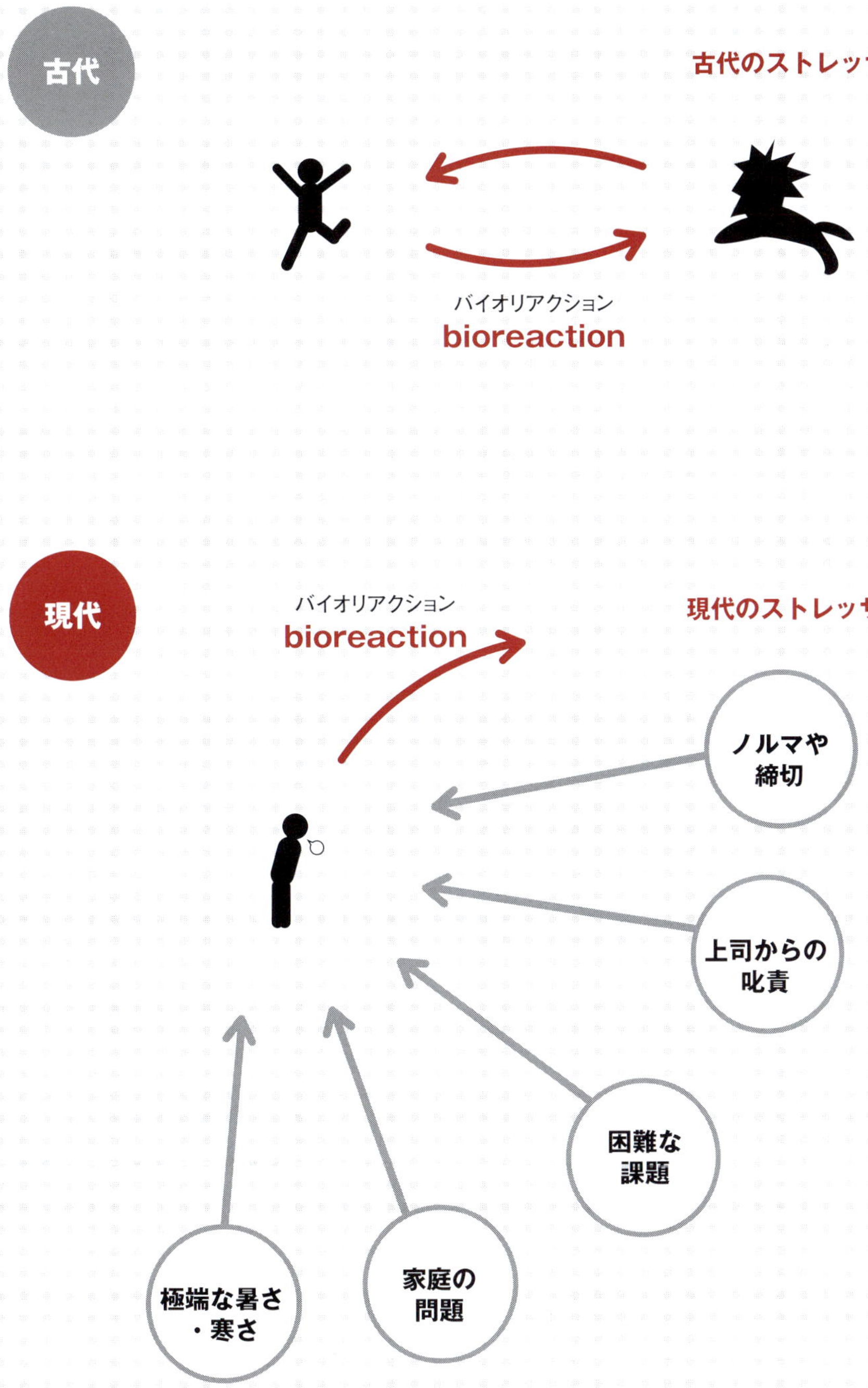
古代
古代のストレッサー
バイオリアクション
bioreaction
現代
バイオリアクション
bioreaction
現代のストレッサー
ノルマや
締切
上司からの
叱責
困難な
課題
家庭の
問題
極端な暑さ
・寒さ

**自分のバイオリアクションを理解し、コントロールすることで、
相手を理解したり、協力関係を築くことができる**

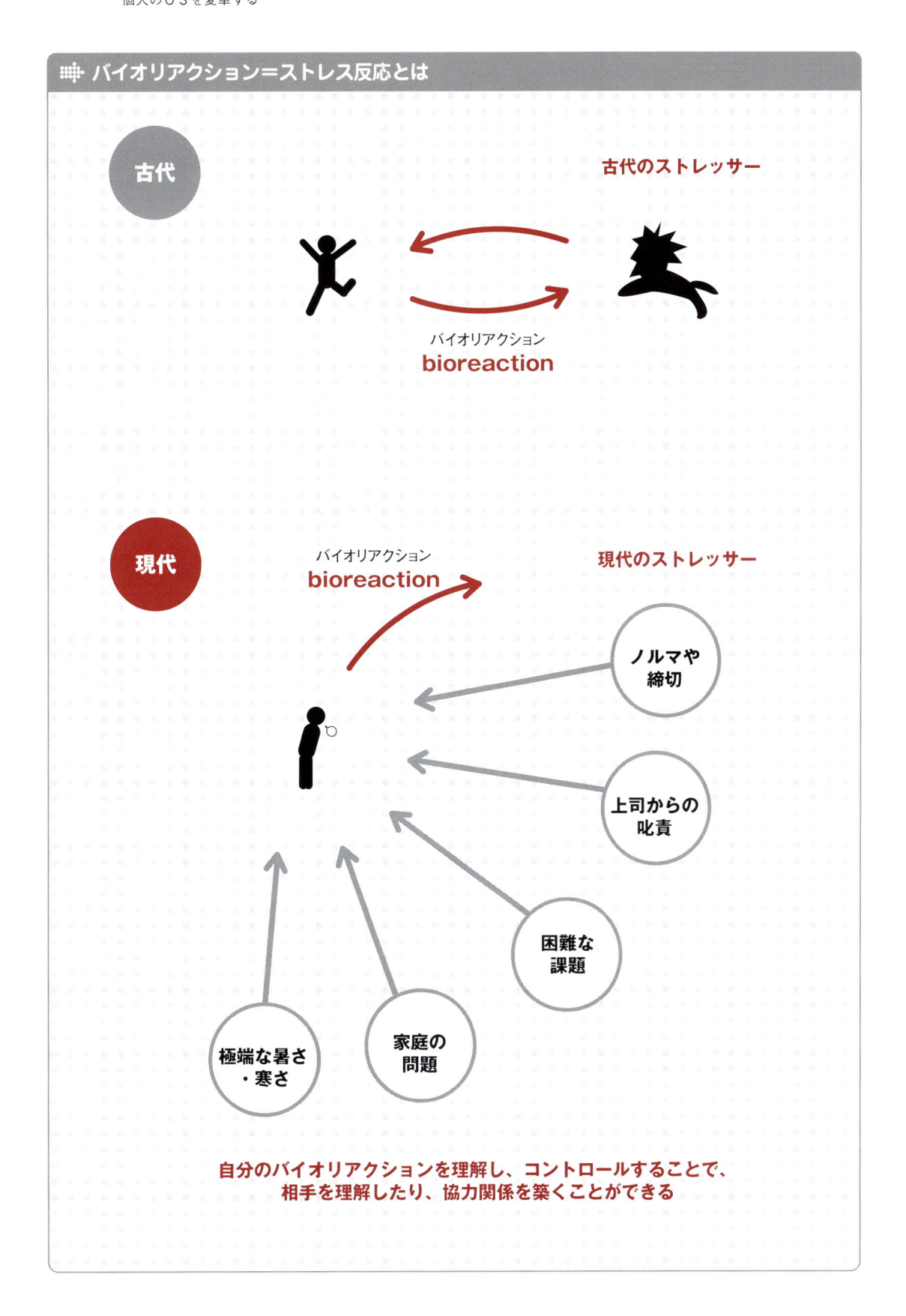

新しいパーソナルOSのガイドライン⑥⑦
成功のバランス・楽観的なものの見方

＊

新しいパーソナルOSの一番の特徴は楽観的であること

——＊成功のバランスをとる

引き続き、新しいPOSのガイドラインを二つ紹介します。

ガイドラインの六番目は、成功のバランスがとれていることです。

言うまでもなく、成功は、お金だけでも権力だけでも実現されません。成功は、以下のようないくつかの領域を満たし、そのバランスがとれることによって実現します。

●経済の領域……自分に合った仕事を持ち、見合った給料を受け取り、病気や失業などの場合の保障がある。大金持ちになるという意味ではなく、自分の予算内で生活ができている。

●健康の領域……心身ともに健全である（単に自分の判断だけでなく、医師の確認を得たもの）。自分に合ったライフスタイルの選択を行い、ストレスを軽減させる方法を持ち、ストレスに対する抵抗力をつけている。

●個人的生活の領域……友人や家族との関係が安定している。人間関係に満足できている。

●職業の領域……能率よく誠実に仕事をし、自分のキャリアパスがはっきりしている。自分の適性に合った仕事ができている。同僚からの信頼や尊敬を得ている。

これらの領域のバランスがとれているかどうかはとても大事です。どれかひとつが欠けていても、成功感や幸福感が薄れてしまうからです。成功感や幸福感は生きている直接の目的であり、困難に立ち向かうときのエネルギー源です。このため、仕事上の課題を目標としたコーチングでも、バランスをとるためのセッションが必要となります。

——＊楽観的に考える

そして七番目にあげられるものとして、新しいPOSを持つ人に特徴的なもののとらえ方があります。それは、ひと言で言えば楽観的だということです。

楽観的なときに見る世界は、悲観的なときに見る世界と大きく異なるということは、誰しも理解し、経験していることでしょう。つまり、当たり前のように聞こえますが、楽観的であるということは、楽観的な物事の見方・とらえ方ができているということなのです。

楽観的であることは楽観的な物事の見方ができるということ

**楽観的な人は、
うまくいっていることは**

- □ 自分がそれを招いていると思う
- □ それはずっと続くと思う

**悲観的な人は、
うまくいっていることは**

- □ 誰かのおかげだと思う
- □ それは今だけだと思う

**楽観的な人は、
うまくいかないのは**

- □ 自分に原因はないと思う
- □ 今だけだと思う

**悲観的な人は、
うまくいかないのは**

- □ 自分に原因があると思う
- □ この状態はずっと続くと思う

楽観的な人は

- □ うまくいくとそれは全人格的に
自分が素晴らしいからだと思う
- □ うまくいかないのは
部分的な問題だと思う

悲観的な人は

- □ うまくいくとそれは
自分の部分的なことだと思う
- □ うまくいかないと
全人格的にだめだと思う

新しいパーソナルＯＳのガイドライン⑧

オリジナルのガイドラインを持つ

＊

**オリジナルの
ガイドラインを持ち、
常に見直して
バージョンアップし続ける**

＊大切なのは常に見直すこと

さて、いよいよ八つ目のガイドラインです。それは、自分のオリジナルのガイドラインを持つということ。実は、これまであげてきた七つのガイドラインに縛られる必要はありません。常に自分自身でバージョンアップし続けていけること、ガイドラインを差し替えていけること、それが新しいＰＯＳにもっとも求められている基準です。ここで、オリジナルのガイドラインを持つためのポイントをまとめておきます。

❶地図は現地ではない

自分が思っていることは思っていることにとどまり、常に事実との間には誤差が生じます。誤解は日常的な出来事です。自分の思い込みに呑み込まれないように、新しいＰＯＳが、現実をとらえるのにふさわしいものであるか、常にリサーチする必要があります。

❷「いつも、絶対、必ず」はない

昨日までうまくいっていた方法が、今日も使えるわけではありません。しかし、昨日失敗した方法が今日使える場合もあります。

❸誰かにできていることは、私にもできる。私にできていることは、誰にでもできる

ガイドラインを持つ際にも、モデルとなる人を見つけ、観察してみるとよいでしょう。誰かにできていることなら、あなたにもできます。

❹一歩横へ

役に立たない考え方、ものの見方といつまでも向かい合っていないで、一歩横へ移動します。別のものの見方で物事をとらえてみれば、違う世界が広がります。

すべての人に有効なガイドラインはありません。モデルとなる人や本から、あなた自身にぴったりのオリジナルなガイドラインを見つけることをお勧めします。それは、物事のとらえ方や対応を主体的にします。

コーチは今起こっている問題や目標へ向けてのコーチング・フローを展開しますが、目標へ向けての行動が滞ったときには、ＰＯＳについて話し合います。個人の性格や個人の考え方を直接扱うのではなく、どのようなガイドラインに沿って行動しているのか？　ほかにエネルギーが奪われていないかどうか？　ＰＯＳを検証し、バージョンアップさせていくための会話を展開します。

もちろん、私たちは人間ですからコンピュータと同じようなＯＳを搭載しているわけではありません。しかし、ＰＯＳを意識することで、自分自身のガイドラインやバイオリアクション、バランスなどが見えやすく、また改善しやすくなったはずです。そういう視点から一度自分のＰＯＳを観察してみてください。

自分自身のオリジナルのガイドラインを持つために

地図は現地ではない

地図を見ているだけでは実際にどうなっているかはわからない

「いつも・絶対・必ず」はない

経験則だけではダメ。いつも同じように通用するとは限らない

**誰かにできていることは、私にもできる
私にできていることは、誰にでもできる**

自分にもできるという
自信がある

一歩横へ

ちょっと動いたら、
新しい世界がある

最近の若い奴らは
いい子ぶって わかったふりして
困ったもんだ
全くだ
俺から見ればお前も
最近の若いもんだし

PART 4

THE PRACTICE OF COACHING
コーチングの導入のために

コーチングの導入は、現在三つの方法に分かれます。

一つは、マネージャー研修、営業マン研修など、研修プログラムの一環としての導入。もう一つは、組織変革や企業戦略の実践を、社内で徹底させるための具体的手段としての導入。そして、経営者や役員クラスが、経営上のさまざまな戦略を練るために、弁護士や会計士と同様の外部スタッフの一員として、自分用にコーチを雇うケースです。

コーチングを導入する目的としては、以下のような事柄が挙げられます。

・社員のモチベーションアップ
・チームワークの向上
・社内コミュニケーションの活性化
・組織変革を速やかに進行させること
・成果主義人事制度の効果的運用
・目標達成
・マネージャーのマネジメント力の向上
・営業マンのコミュニケーションスキルの向上
・新規事業の立ち上げ
・新人・中途社員の新しい職場への適応プログラムの一環
・昇級試験へ向けてのチャレンジ
・企業経営
・起業

PART４では、実際にコーチングの導入を検討してみたいと思われる方に向けて、コーチングの目標設定と導入の際の留意点について、その要所をお伝えすることにしましょう。

SECTION 1

どのような人にコーチングが機能するのか

＊

もっともコーチングが有効な対象は、リスクの高い職場での能力の高い人材

―＊コーチングは万能ではない

いつでも誰にでも、コーチングが役に立つというわけではありません。コーチングが機能する状況と機能しない状況があります。コーチングは万能ではないのです。

そして、すべての人に必要なものというわけでもありません。もし、あたかも万能であるかのような説明をするコーチがいたら、疑ってかかったほうがいいでしょう。

ではコーチングは、どういうときに有効なのでしょうか？ それは、今、置かれている状況のリスクと持っている能力との関係で判断します。

Ⓐリスクが高い職務に従事する技術・能力の高い人材

具体的には、マネージャーや経営者などがあてはまります。コーチングをもっとも必要とし、コーチングがもっとも機能する領域です。

Ⓑリスクが低い職務に従事する技術・能力の高い人材

基本的に、コーチングもティーチングも必要ありません。本人に任せてよい領域です。

Ⓒリスクが高い職務に従事する技術・能力の未熟な人材

経験の浅い若手のスタッフに、大きな仕事をさせるような場合です。この場合は、自主性を尊重する、相手から引き出すといったようなコーチングのスタンスをとるよりは、上司や経験者がティーチングするほうが現実的です。

Ⓓリスクが低い職務に従事する技術・能力の未熟な人材

具体的には、新入社員に対するＯＪＴなどがあてはまります。本人の自発的な行動を促進し、自ら考え、自ら行動できる人材に育成する上で、コーチングが機能します。

コーティングの有効な人材は

RISK
リスクの高さ
C
A
リスクが高い職務に従事する
未熟な人材
★★☆☆
コーチングよりティーチングが現実的
リスクが高い職務に従事する
能力の高い人材
★★★★
コーチングがもっとも機能する
ABILITY
能力の高さ
リスクが低い職務に従事する
未熟な存在
★★★☆
コーチングが機能する
リスクが低い職務に従事する
能力の高い人材
★☆☆☆
コーチングもティーチングも必要ない
D
B

どのような場合にコーチングが機能するのか

コーチングは万能ではない。コーチングが有効な領域は、重要だが緊急でない事柄

＊

——＊重要度と緊急度で有効性を判断

私たちが会社の中で行うべき事柄は、「重要度」と「緊急度」という二つの要素で分けることができます。この要素を組み合わせると、四つの領域に分かれます。

Ⓐ重要かつ緊急な事柄

この領域は、早急にやらざるを得ない事柄ですから、ここをゴールにすることは賢明ではありません。ところが多くの場合、私たちはこの領域の事柄の処理だけに忙殺されています。それに追われている限り、最も効果的なゴールである、Cの「重要だが緊急ではない領域」の事柄に手をつけることはできません。Cの領域の事柄をゴールとするためには、この領域の事柄を整理し、効率よく処理する必要があります。

Ⓑ重要ではないが緊急な事柄

この領域の事柄は、緊急であるがために、重要な事柄よりも優先されてしまう場合があります。この領域の事柄に手をつければ手をつけるほど、重要なゴールを達成することが難しくなります。マネージャーにとっては、いかに部下にこの領域の事柄を効率よく処理させ、Cの領域のゴールに向かわせることができるかが問われているともいえます。

Ⓒ重要だが緊急ではない事柄

効果的なゴールセッティングをするために、もっとも大切な領域です。AやBの緊急な領域の事柄は待ったなしでやらざるを得ません。ところがこの領域の事柄は、重要な事柄であるにもかかわらず、緊急性がないがゆえに、なかなか手がつけられないのです。

ずっと放っておかれるうち、緊急度が増し、重要かつ緊急な領域に移動してはじめて処理されることになります。場合によっては、緊急性がないために永久に手がつけられない可能性もあります。

この領域の事柄をゴールに設定し、達成していくということは、重要かつ緊急な事柄を減らしていくことでもあります。つまり、緊急事態が起こらないようにするという真の意味でのリスクマネジメントとなるのです。

Ⓓ重要でも緊急でもない事柄

この領域の事柄に手をつけることは、「さあ、これから受験勉強を始めよう!」と机に向かったものの、急に引き出しの整理を始めてしまうのと似ています。この領域に逃げ込んでいる部下には、未完了事項を完了させるなど、別のコーチングが必要です。

このように、もっとも効果的なのは、Cの領域の事柄の中から選んだものをゴールとして設定することです。それは、仕事や人生に戦略を持ち、経験や知識を効果的に蓄積し、より大きな責任が負えるようにするものです。時間を必要としますが、確実な効果が期待できます。

コーチングの有効な領域は

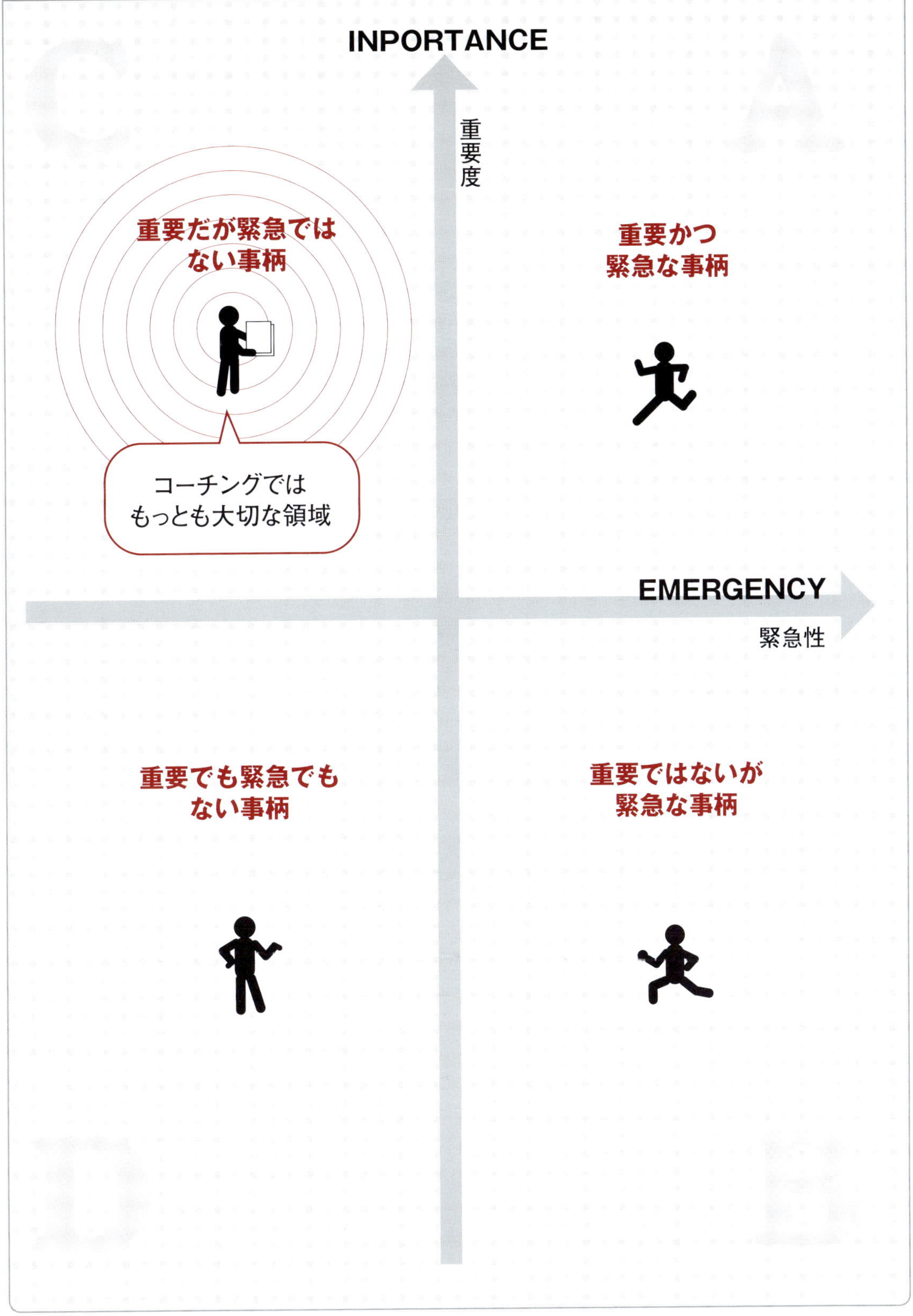
INPORTANCE
重要度
重要だが緊急では
ない事柄
コーチングでは
もっとも大切な領域
重要かつ
緊急な事柄
EMERGENCY
緊急性
重要でも緊急でも
ない事柄
重要ではないが
緊急な事柄

マネージャーがコーチングを学ぶメリット

新しいコミュニケーションを創造する

＊

——＊部下育成に役立てる

企業を対象にしたコーチングでもっともニーズが高いのは、マネージャーがコーチングの技術を学ぶことです。部下の育成という部分で、マネージャーは苦労しています。それぞれにいくつか状況を突破するアイディアを持っているのですが、それがいつもうまくいくわけではありません。

マネージャーがコーチング・スキルを身につけるためには、現在進行形での部下とのコミュニケーションをテーマに毎週ゴールを決め、一週間それをもとに行動を起こし、次の週に振り返ることが必要です。

マネージャーは毎週新しい視点で、新しいインターフェースを持って部下と関わることになります。その日に話したスキルや視点を、その日から使い始めます。

当然、うまくいくこともいかないこともあります。しかし、部下と一対一で関わるという姿勢は持てます。そのうえ、馴れではできない部分もたくさんありますから、ライブにコミュニケーションを体験することができます。

質問をつくったり、チャンクダウンを試したり、最初はぎこちないのですが、やがて自分のものとして使えるようになります。

——＊マネージャー自身が変わる

それと並行して、

「部下との関係にはそれほど変化はないが、中学生の娘が口を利いた」

「最近、部下の方から話しかけてくることがある」

「自分で仕事を抱えなくなってきた」

「酒を飲まなくても話せるものだと思った」

といった変化が現れてくるようです。そして、

「コーチングを習っていて、それが役に立っている部分もあるけど、こんなときコーチなら何と言うんだろう？ などと思うと、ちょっと余裕が持てる」

「これでついに行きどまりだと思っても、コーチと話しているうちに、別の方法を試してみようということになるんです」

「前より余裕が出てきた」

というような声も、よく聞かれます。あるマネージャーは部下と話した後、部下にこう言われたそうです。

「聞いてもらってよかったです」

マネージャーのためのチェックリスト

指示命令型マネージャー		コーチ型マネージャー
結果だけを見て、評価の対象としている	⇔	過程から部下と関わっている
部下の行動をコントロールしている	⇔	部下が自発的に動けるようサポートしている
部下がリスクを恐れて、チャレンジできない環境をつくっている	⇔	部下が安心してリスクに挑める環境をつくっている
部下の弱点に焦点を当てている	⇔	部下の強みに焦点を当てている
失敗や過ちを指摘している	⇔	努力や成長を重視している
問題をすべて自分が解決しようとする	⇔	個々のやり方、強みを認めている
自分のやり方を押しつけている	⇔	部下が自分で問題を解決できるようにサポートする
部下の話を表面的に聞いている	⇔	部下の話の真意をくみ取っている
部下を職場に長時間拘束してしまう	⇔	生活と仕事のバランスのとれた健全な生き方のモデルとなっている
許可・承認を与えるだけの上司である	⇔	部下に協力的であり、問題解決に手を差しのべている

人から色々学ぶって必要だってこたぁ
わかってるんだけど
できないなぁ…

必要だなんて言ってるうちは
何も学ばないんだ

ゆとりあるふりして
えらっそうに

コーチングをもっと知るには

コーチング・スキルを学びたい方、個人的にコーチを雇いたい方は

株式会社コーチ・トゥエンティワン

1997年　米国の大手コーチ育成スクールとライセンス契約を結び日本初のプロフェッショナルビジネスコーチの養成機関として設立された。国際コーチ連盟認定プログラムである「コーチ・トレーニング・プログラム（CTP）」を提供。財団法人生涯学習開発財団の認定資格を取得することができる。

コーチ・トゥエンティワンはウェブサイト上で、コーチ及びコーチング全般について幅広い情報を提供している。無料のコーチング・メールマガジン「WEEKLY COACH」の配信申込も下記ウェブサイトから。

http://www.coach.co.jp

TEL　03-3237-9781

コーチングの導入を検討している企業・団体の方は

株式会社コーチ・エィ

25人のプロフェッショナル・コーチを擁する（2005年3月現在）日本で随一の「コーチング・ファーム」。"Make it FUN" をミッションとし、300社を越える企業に対して、管理者向けコーチング研修、エグゼクティブに対するワン・オン・ワンコーチング、風土改革、チェンジマネジメントなどのプロジェクト型コーチングを実施している。

詳しくは2005年4月にリニューアルオープンした下記サイトへ。企業におけるコーチング活用実例をプロフェッショナルコーチが紹介する無料のメールマガジン「Biz Coach Magazine」の配信申込もできる。

http://www.coacha.com

TEL　03-3237-8815

コーチングに関する全般的なご質問は

日本コーチ協会

健全なコーチの育成とコーチング・スキルの発展・普及を通じて社会に貢献することを目的に設立された。支部活動の支援、国際コーチ連盟認定コーチ申請の英訳サポートなど。

http://www.coach.or.jp

TEL　03-3237-8994

コーチングをもっと本で学ぶには

いずれもディスカヴァー刊。全国主要書店、または、ディスカヴァーのサイトで。Amazonでも買える。下記ディスカヴァーのサイトから、ディスカヴァーのメルマガに登録すれば、新刊情報をお届けする。

http://www.d21.co.jp

TEL　03-3237-8321

○コーチングマネジメント

伊藤　守　四六判上製328ページ

本体価格2000円　　2002年7月発行

本書の「親本」。もっと詳しくお読みになりたい方に。本書には出ていないエピソードも豊富。

○コミュニケーションはキャッチボール

伊藤　守　変型四六判並製112ページ　2色

本体価格1100円　2004年11月発行

著者によるコーチングメソッドの基礎となるコミュニケーションの神髄が、キャッチボールのイラストとともに平易に簡潔に語られる。小さいながら組織のコミュニケーションカルチャーを変える本。

○伊藤守が厳選するコーチング選書シリーズ

コーチング先進国であるアメリカから、コーチとコーチングを学びたいビジネスパーソンのための良書を伊藤が厳選。株式会社コーチ・エィまたは株式会社コーチ・トゥエンティワンの監修でお届けする、我が国唯一の本格的なコーチング専門書のシリーズ。

01　コーチング５つの原則

J.フラーティ著

四六判上製348ページ

本体価格2400円　　2004年11月発行

02　会話のマネジメント

M.コノリー&R.リアノシェク著

四六判上製328ページ

本体価格2200円　　2004年11月発行

03　人を動かす50の物語

M.パーキン著

四六判上製272ページ

本体価格2000円　　2004年11月発行

04　戦略的質問78

C.クラーク・エプスタイン著

四六判上製336ページ

本体価格2400円　　2005年3月発行

著者インタビューや新刊・既刊に関するニュース、編集秘話など、情報満載の小社Webへどうぞ！　仕事やコミュニケーション、自己啓発などのテーマで、すぐに使えるコンテンツを小社の本からピックアップしてお伝えするメールマガジン「Discover Pick Up」もご登録になれます。
http://www.d21.co.jp

図解　コーチングマネジメント

発行日　2005年4月20日　第1刷
　　　　2005年5月10日　第3刷

author／伊藤守

illustrator／大塚いちお（装画）
村田伊吹（p26,p72,p86,p94）
book designer／安田あたる…装丁
新田由起子（ムーブ）…本文

publication／株式会社ディスカヴァー・トゥエンティワン
〒102-0075　東京都千代田区三番町8-1
TEL　03-3237-8991（編集）　03-3237-8345（営業）
FAX　03-3237-8323　http://wwwd21.co.jp

publisher & editor／干場弓子（編集協力　小林茂樹）

promotion group
staff／小田孝文、中澤泰宏、片平美恵子、井筒 浩、千葉潤子、
長谷川雅樹、早川悦代、飯田智樹、佐藤昌幸、高島未来、
田中亜紀、谷口奈緒美、横山 勇、鈴木隆弘、八木憲一、
大薗奈穂子、大竹朝子
assistant staff／俵 敬子、長土居園子、町田加奈子、丸山香織、
小林里美、冨田久美子、井澤徳子、藤井多穂子、
片瀬真由美、藤井かおり、三上尚美、茂手山妙子

operation group
staff／吉澤道子、小嶋正美、小関勝則、八木洋子
assistant staff／竹内恵子、望月 緑、畑山祐子、熊谷芳美、
鈴木由理枝、佐久間恵里、高橋久美、阪井芙美

printing／株式会社　厚徳社

定価はカバーに表示してあります。本書の無断転載・複写は、著作権法上での例外を除き、禁じられています。インターネット、モバイル等の電子メディアにおける無断転載等もこれに準じます。乱丁・落丁本は小社までお送りください。送料小社負担にてお取り替えいたします。

© Mamoru Itoh, 2005, Printed in Japan.